rororo sprachen

Herausgegeben von Ludwig Moos

Das schlechte Gewissen meldet sich immer mal wieder: Man müsste mehr für seine Sprachkenntnisse tun. Aber da dies Zeit und Mühe kostet, bleibt es meist beim guten Vorsatz. Dieses Sprachbuch lockt Büffelmuffel mit Witz und didaktischer Raffinesse aus der Reserve und zeigt, dass Sprachenlernen kein Privileg der Emsigen oder Begabten sein muss. Eine amüsante Geschichte, die fortlaufend zu lesen ist, macht vertraut mit dem italienischen Alltag und den Sprechmitteln zu seiner Bewältigung. Ein Schwerpunkt pro Doppelseite bringt das notwendige Minimum an Wissen auf den Punkt, lockere Tests helfen dabei, das frisch Gelernte einzuüben und zu behalten.

Jutta Eckes

Italienisch für Büffelmuffel

Rowohlt Taschenbuch Verlag

Originalausgabe
Veröffentlicht im Rowohlt Taschenbuch Verlag, Reinbek bei Hamburg,
November 2004

Umschlaggestaltung Britta Lembke (Illustration: Britta Lembke)
Layout Anne Drude
Satz Stone PostScript Linotype Library, QuarkXPress 3.31
Druck und Bindung Clausen & Bosse, Leck
Printed in Germany
ISBN 3 499 61908 3

Inhalt

Sie haben schon seit langem vor, Ihr Italienisch mal wieder aufzufrischen. In der Vergangenheit haben Sie verschiedene Kurse besucht, lange pausiert, die Lust am Lernen verloren, mit neuen Lehrbüchern auf eigene Faust weitergelernt ... Sie haben eigentlich schon ganz gute Italienischkenntnisse, aber eben nur „eigentlich", denn vieles des einmal Gelernten ist schon wieder vergessen. Sie möchten neu einsteigen in die Sprache, wollen aber auch nicht wieder bei Null anfangen und haben keine Lust, schon wieder ein Lehrwerk von A bis Z durchzuarbeiten. Dann sind Sie hier goldrichtig, denn das Buch ist für alle gemacht, die keine Lust zum Pauken und Büffeln haben, aber auf vergnügliche Weise trotzdem etwas lernen oder auffrischen wollen. Doch wie soll das gehen?

„Italienisch für Büffelmuffel" besteht aus dreißig kurzen Kapiteln, die in der oberen Hälfte der Seiten eine fortlaufende Geschichte bilden. Erzählt wird, was das deutsche Aupairmädchen Britta bei seiner italienischen Gastfamilie, den Gallis, in Mailand so alles erlebt.

Wenn Sie zu den besonders *eiligen Büffelmuffeln* zählen, können Sie die Geschichte einfach lesen wie einen Roman oder Krimi. Sie brauchen dann für jedes einzelne Kapitel nicht mehr als circa zehn Minuten Zeit.

Sind Sie ein *nicht ganz so eiliger Büffelmuffel*, so werden Sie zunächst ein Kapitel der Geschichte lesen, dann nach den Lernthemen suchen, die Sie besonders interessieren, und vielleicht den einen oder anderen Test machen. Mit den kurzen und abwechslungsreichen Tests können Sie Ihr Wissen gut überprüfen. Die Lösungen dazu finden Sie im Anhang.

Die *gründlichen Büffelmuffel* – gibt es sie überhaupt? – brauchen eigentlich keine Anleitung, wie mit dem Buch umzugehen sei. Wenn Sie zu dieser seltenen Gruppe gehören, werden Sie die Geschichte jedes Kapitels vielleicht mehrmals lesen, sich neue Vokabeln einprägen, alle Übungen machen und sich mit Hilfe des Lösungsschlüssels überprüfen. Dafür brauchen Sie aber auch nicht mehr als etwa dreißig Minuten pro Kapitel.

Ein paar Bemerkungen zum Aufbau der Kapitel:

1. **Die Story:** Sie wird fortlaufend im farbig unterlegten Teil jeder Seite erzählt. Die eiligen Büffelmuffel müssen also einfach umblättern, wenn sie wissen wollen, wie es weitergeht.
2. **Auf einen Blick:** In jedem Kapitel wird ein bestimmtes Thema fokussiert und kurz unter der Überschrift „Auf einen Blick" vorgestellt. Es kann sich um ein grammatikalisches Thema handeln oder etwa um den Gebrauch einer Redewendung. Erwarten Sie aber keine systematische Progression in der Grammatik. Davon wollen Sie als Büffelmuffel doch gar nichts wissen. Viel lieber ist Ihnen die knappe Präsentation eines Lernthemas, das Sie flott bearbeiten wollen.
3. **Die Wortschatzspalte:** Rechts neben der „Story" gibt es eine Randspalte, in der Sie die deutsche Übersetzung vieler italienischer Vokabeln finden (im Text *kursiv* gekennzeichnet). So bleibt es Ihnen erspart, Wörter nachzuschlagen, und Sie können einfach flüssig weiterlesen. Eilige Büffelmuffel bedienen sich dieser Wortschatzspalte nur als Lesehilfe, die Gründlicheren wollen sich manche Wörter vielleicht einprägen, um den eigenen Wortschatz zu bereichern.

Darüber hinaus finden Sie im **Anhang**

- den Schlüssel zu den Übungen,
- den gesamten Wortschatz des Buchs,
- eine Liste der unregelmäßigen Verben und Anmerkungen zu einigen Besonderheiten der regelmäßigen Verben,
- nützliches Basiswissen wie Zahlen, Wochentage und Monatsnamen.

Das ist eigentlich alles, was Sie an Information brauchen, um mit dem Buch loslegen zu können. Viel Vergnügen beim Lesen, Üben, Herumprobieren und dabei auch noch Lernen, kurzum, beim Büffelmuffeln!

1 Ein Aupair

1 *Una ragazza alla pari*

Come tutti i giorni Britta Neumaier apre *impazientemente* la *cassetta delle lettere.* Ma purtroppo trova solo le *solite* cose: la *bolletta del telefono*, il *giornale*, un po' di *pubblicità* ... Ehi, un momento, c'è anche qualcos'altro! Britta *tira fuori* una lettera e *legge* il nome del *mittente.* Finalmente! La *risposta* di una famiglia di Milano: i Galli.

Britta vuole lavorare come ragazza alla pari in Italia. Per trovare un *posto* ha *messo* un'*inserzione* sul giornale.

Ed ecco i Galli che *rispondono*. Forse cercano una ragazza come lei...

ungeduldig
Briefkasten
üblichen; Telefonrechnung; Zeitung; Werbung
zieht heraus; liest
Absender; Antwort
Stelle; gesetzt; Anzeige
antworten

Auf einen BLICK: Einer + mehrere

are-Verben	Endung	ere-Verben	Endung	ire-Verben	Endung
(io) cominci**o**	**-o**	(io) rispond**o**	**-o**	(io) apr**o**	**-o**
(tu) cominc**i**	**-i**	(tu) rispond**i**	**-i**	(tu) apr**i**	**-i**
(lui/lei/**Lei**) comincia	**-a**	(lui/lei/**Lei**) rispond**e**	**-e**	(lui/lei/**Lei**) apr**e**	**-e**
(noi) cominc**iamo**	**-iamo**	(noi) rispond**iamo**	**-iamo**	(noi) apr**iamo**	**-iamo**
(voi) cominc**iate**	**-ate**	(voi) rispond**ete**	**-ete**	(voi) apr**ite**	**-ite**
(loro) cominc**iano**	**-ano**	(loro) rispond**ono**	**-ono**	(loro) apr**ono**	**-ono**

Lei (groß geschrieben) ist die höfliche Anrede für eine Person!

Vorsicht bei Verben, die auf *-care* (**cercare**) oder *-gare* enden: Sie bekommen in der 2. Person Singular (**tu**) und der 2. Person Plural (**noi**) ein **h** eingefügt, damit die Aussprache erhalten bleibt: *cerchi; cerchiamo.*

	Francesca (**F**) e Claudio (**C**) Galli *discutono*:	*diskutieren*
F:	Claudio, hai visto il giornale? Una giovane tedesca cerca lavoro come ragazza alla pari *presso* una famiglia italiana.	*bei*
C:	E allora?	
F:	Come allora? Io ho bisogno di *aiuto*. Non voglio più fare tutto da sola. E tu, caro Claudio, non mi *aiuti* mai.	*Hilfe*; *du hilfst*
C:	Eh, *per forza*, lavoro sempre.	*gezwungenermaßen*
F:	Ed io ho il mio lavoro alla casa *editrice* e poi mi devo anche *occupare* delle *bambine*, devo cucinare e fare tutti i lavori di casa.	*Verlag*; *beschäftigen; Mädchen*
C:	Va bene, va bene, allora *proviamo*. Posso scrivere una lettera a questa ragazza... *A proposito*, come si chiama?	*probieren wir's*; *übrigens*
F:	Britta Neumaier.	

TEST 1: Die richtige Verbform bitte!

1. Britta *legge* il nome del mittente. (*leggere*)
2. I Galli ____________ con una lettera. (*rispondere*)
3. Signora, Lei ____________ una lettera? (*scrivere*)
4. I Galli ____________ una ragazza come lei. (*cercare*)
5. Britta ____________ la cassetta delle lettere. (*aprire*)
6. Forse Britta ____________ un posto. (*trovare*)
7. Claudio, perché tu non mi ____________ mai? (*aiutare*)
8. Noi ____________ una giovane tedesca. (*cercare*)

TEST 2: Was stimmt und was stimmt nicht?

	sì	no
1. Francesca ha bisogno di aiuto.		
2. Claudio fa tutti i lavori di casa.		
3. Britta lavora in una casa editrice.		
4. Britta trova la bolletta del telefono.		
5. Claudio deve cucinare.		

Claudio (**C**), Francesca (**F**)

C: Ma cosa scriviamo?
F: Allora: "Cara Britta ..."
C: Perché "Cara Britta"? *Secondo me* dobbiamo scrivere: "*Gentile signorina* Neumaier"
F: Ma no! È troppo *formale.*
C: È semplicemente *corretto.*
F: Caro Claudio, non siamo più nell'*Ottocento.*
C: Cara Francesca, lo so, ma bisogna *rispettare* certe *regole.*
F: Sai che ti dico? Questa lettera, la puoi scrivere da *solo*!
C: Volentieri, cara!

meiner Meinung nach; sehr geehrtes Fräulein; förmlich
korrekt
19. Jahrhundert
respektieren
Regeln
allein

TEST 3: Präpositionen erwünscht

a – del – delle – sul – da – nell' – di – alla

1. Britta ha messo un'inserzione ________ giornale.
2. La ragazza legge il nome ________ mittente.
3. Mi devo anche occupare ________ bambine.
4. Scrivo una lettera ________ questa ragazza.
5. Ho bisogno ________ aiuto.
6. Francesca ha il suo lavoro ________ casa editrice.
7. Ma non siamo più ________ Ottocento!
8. La lettera, la puoi scrivere ________ solo.

TEST 4: Was muss getan werden?

1. Bisogna *rispettare le regole* (*die Regeln respektieren*)
2. Bisogna ________________________ (*einen Brief schreiben*)
3. Bisogna ________________________ (*Arbeit suchen*)
4. Bisogna ________________________ (*alle Hausarbeiten machen*)
5. Bisogna ________________________ (*ein Aupairmädchen finden*)
6. Bisogna ________________________ (*den Briefkasten öffnen*)

Britta (**B**), Claudio (**C**), Francesca (**F**) al telefono:

C: Pronto?
B: Buona sera, sono Britta Neumaier.
C: Neumaier ... Neumaier ... Neumaier??
B: Ehm ... sono la ragazza alla pari ... ma forse ho *sbagliato numero*? — *verwählt*
C: Ah, no, mi scusi, signorina Neumaier, ma certo, certo, lei è la ragazza alla pari e deve *fissare un appuntamento* con mia moglie, un momento, per favore ... — *eine Verabredung treffen*

F: Pronto?
B: Sono Britta Neumaier, la ragazza alla pari.
F: Ah, che bello! Finalmente! Quando può venire da noi?
B: Mmh, *forse* domani? — *vielleicht*
F: Ma sì, benissimo! Diciamo alle 4? *Nel pomeriggio*? — *am Nachmittag*
B: Va bene, allora domani alle 4 a casa sua.

TEST 5: Die richtige Antwort

1. Claudio e Francesca
- **a.** aprono la cassetta delle lettere.
- **b.** cercano una ragazza alla pari.
- **c.** sono nell'Ottocento.

2. Britta deve
- **a.** fissare un appuntamento.
- **b.** sbagliare numero.
- **c.** cercare il telefono.

3. Claudio
- **a.** scrive una lettera.
- **b.** sbaglia numero.
- **c.** telefona al giornale.

TEST 6: So ein Quatsch! – Übersetzen Sie!

1. Britta öffnet den Briefkasten und zieht ein Aupairmädchen heraus.
2. Ich suche Arbeit als Telefonrechnung.
3. Ich kann eine Anzeige und einen Brief kochen.
4. Die Zeitung heißt Britta Neumaier.
5. Wir treffen eine Verabredung im 19. Jahrhundert.

2 Britta si presenta

Britta (**B**) è *emozionata.* È il giorno *in cui* lei ed i Galli *si incontrano* per la prima volta. Francesca (**F**) *non vede l'ora* di conoscere la giovane ragazza tedesca.

aufgeregt; an dem
sie treffen sich
kann es nicht erwarten

B: Buon giorno.
F: Buon giorno, signorina Neumaier. Finalmente ci conosciamo! Io sono Francesca Galli ... *Ci accomodiamo* nel *salotto*, prego.
B: Grazie, signora Galli.
F: Prende un caffè? O preferisce un *tè*?
B: Un caffè, grazie.
F: Vado a preparare il caffè, un momento.

wir nehmen Platz; Wohnzimmer
Tee

Auf einen BLICK: Reflexive Verben

presentarsi (presentare + si)	sich vorstellen
mi presento	ich stelle **mich** vor
ti presenti	du stellst **dich** vor
si presenta	er stellt **sich** vor
ci presentiamo	wir stellen **uns** vor
vi presentate	ihr stellt **euch** vor
si presentano	sie stellen **sich** vor

Ebenso: *chiamarsi, accomodarsi, occuparsi*
Ebenso, aber mit Endungen der *-ere*-Konjugation: *vedersi*

F:	Ecco il caffè!	
B:	Grazie ... avete una bellissima casa!	
F:	Eh, sì, *non c'è male.*	*nicht schlecht*
B:	Abita qui da molto tempo?	
F:	Da quattro anni ... da quando è *nata* Stellina, la nostra piccola.	*geboren*
B:	Ha due *figlie*, vero?	*Töchter*
F:	Sì, una di otto e l'altra di quattro anni.	
B:	E come si chiamano?	
F:	Mariangela e Stella.	
B:	E se *ricordo* bene, Lei lavora anche?	*ich erinnere mich*
F:	Sì, lavoro in una casa editrice, e poi, mi occupo della casa e delle figlie ... è troppo!	

TEST 1: Reflektieren Sie!

1.	Britta ed i Galli *s'incontrano* per la prima volta.	*incontrarsi*
2.	Prego, signorina Neumaier, _________ nel salotto.	*accomodarsi (noi)*
3.	Io non _________ solo delle figlie, ma anche della casa.	*occuparsi*
4.	Come _________ questa ragazza?	*chiamarsi*
5.	Britta _________ come ragazza alla pari.	*presentarsi*
6.	Come _________ le figlie dei Galli?	*chiamarsi*

TEST 2: Richtig oder falsch?

		sì	no
1.	Britta è emozionata.		
2.	Francesca prepara un tè.		
3.	Francesca ha due figlie.		
4.	Francesca conosce Britta da quattro anni.		
5.	Stella ha quattro anni.		

B: Certo, è troppo per una persona.	
F: E *per questo* ho bisogno di aiuto.	*deshalb*
B: Capisco.	
F: Ma adesso parliamo di Lei: come mai sa così bene l'italiano?	
B: Grazie del complimento ... ma *Lei esagera*.	*Sie übertreiben*
F: No, signorina Neumaier, parla *proprio* bene...	*wirklich*
B: Il mio *ex ragazzo* è italiano e così ...	*Exfreund*
F: Ah, è sempre l'amor che *muove* il sole e le altre *stelle* ...	*bewegt* *Sterne*
B: Scusi, ma non ho capito ... può *ripetere* gentilmente?	*wiederholen*
F: *Si tratta* di una *famosa citazione* di Dante.	*es handelt sich; berühmtes Zitat*

TEST 3: Die Qual der Wahl

si incontrano – si chiama – si accomoda – vi occupate – mi occupo

1. Britta *si accomoda* nel salotto.
2. Francesca e Britta ________________ per la prima volta.
3. Io ________________ della casa e delle figlie.
4. Anche voi ________________ di letteratura?
5. L'ex ragazzo ________________ Giuseppe.

TEST 4: Umgangsformen

Nur eine der Lösungen ist richtig.

1. Non ho capito, può
   - **a.** ripetere gentilmente?
   - **b.** esagerare, per favore?
   - **c.** occuparsi della casa?
2. Prende un caffè o
   - **a.** l'ex ragazzo è italiano?
   - **b.** preferisce un tè?
   - **c.** si tratta di una citazione di Dante?
3. Lei sa molto bene l'italiano.– Grazie
   - **a.** della casa.
   - **b.** del caffè.
   - **c.** del complimento.

B: Dante Alighieri?
F: Britta, ma ... Lei *s'intende* anche di letteratura! Una ragazza alla pari che conosce Dante! Io La voglio *assumere* ... — *Sie kennen sich aus* / *einstellen*
B: Ma, signora ...
F: Parliamo subito della *retribuzione* ... — *Vergütung*
B: E non vuole *nemmeno* vedere il *curriculum*? I *certificati*? — *nicht einmal; Lebenslauf; Zeugnisse*
F: Non ho bisogno di certificati ... Lei conosce Dante!
B: Eh, non esageriamo.
F: Io non esagero ... La voglio assumere!
B: Ma Suo marito e le Sue figlie non mi conoscono ancora.
F: *Non importa.* — *Es ist nicht wichtig.*
B: Ma ...
F: Britta, io La assumo.

TEST 5: Drücken Sie's anders aus!

Ersetzen Sie das kursiv Gedruckte.

non vede l'ora – ripetere – s'intende – della retribuzione – come mai

1. Lei *capisce qualcosa* di letteratura.
2. Lo può *dire ancora una volta*?
3. *Perché* sa così bene l'italiano?
4. Parliamo subito *dei soldi*!
5. Francesca *è impaziente* di conoscere Britta.

TEST 6: So ein Blödsinn! – Bitte übersetzen!

1. Mein Exfreund heißt Dante Alighieri.
2. Der Verlag nimmt im Wohnzimmer Platz.
3. Wollen Sie den Lebenslauf des Briefkastens sehen?
4. Ich kann es kaum erwarten, alle Arbeiten im Haus zu machen.
5. Francesca will Brittas Exfreund einstellen.

Dal diario di Britta:
Oggi ho parlato con Francesca Galli, la mia *futura padrona*. È una signora molto simpatica e aperta, ma anche un po' pazza. Abbiamo preso il caffè insieme, lei mi *ha fatto* i *complimenti* per il mio italiano e poi ha *citato* Dante ...
Bisogna sapere che la signora Galli parla molto e ha una grande *passione* per la *letteratura*. Certo, lei lavora per una casa editrice. Ma secondo me esagera un po'. Basta conoscere il nome di Dante Alighieri per *suscitare* il suo *entusiasmo*.
Io so chi è Dante Alighieri, ma non mi intendo molto di letteratura.

zukünftige Chefin
hat gemacht; Komplimente; zitiert
Leidenschaft; Literatur
hervorrufen
Begeisterung

Auf einen BLICK: Partizip Perfekt (mit *avere*)

are- Verben	ere-Verben	ire-Verben
Endung **-ato** Beispiel: parl**ato**	Endung **-uto** Beispiel: cred**uto**	Endung **-ito** Beispiel: cap**ito**

Viele Formen des Partizip Perfekts auf *-ere / -ire* sind unregelmäßig, zum Beispiel:

assumere	assunto	*eingestellt*
conoscere	conosciuto	*kennen gelernt*
dire	detto	*gesagt*
mettere	messo	*gesetzt, gestellt, gelegt*
offrire	offerto	*angeboten*
prendere	preso	*genommen*

Das *passato prossimo* (Perfekt) wird gebildet mit den Formen von *avere:*

ho hai ha abbiamo avete hanno + Partizip Perfekt

In Verbindung mit *avere* bleibt das Partizip Perfekt unverändert auf **-o.**

Comunque sia, la signora Galli mi ha *offerto* il posto come ragazza alla pari senza fare tante *domande.* In un primo momento non ci ho creduto.
Domani è il mio primo giorno di lavoro e devo ancora conoscere le figlie ed il marito della signora Galli.
Lui è medico e lavora in una grande clinica. Lavora tanto e per questo non c'è quasi mai. Devo *soprattutto* occuparmi delle figlie. Io devo occuparmi *soprattutto* delle figlie.
I Galli hanno una bellissima casa e anche la mia camera è bella ed *accogliente.* Sono molto contenta di questo nuovo lavoro.

wie dem auch sei; angeboten; Fragen

Arzt

sehr viel; nie; vor allem

gemütlich

TEST 1: Wie war's gestern?

1. I Galli mi capiscono. — I Galli mi *hanno capito.*
2. Britta mette un'inserzione sul giornale. ______________________
3. Parlo con la mia futura padrona. ______________________
4. Francesca mi offre un posto. ______________________
5. Io prendo un caffè. ______________________
6. Non capisci la letteratura italiana? ______________________

TEST 2: Formenlehre: Partizip Perfekt

1. trovare — trovato
2. mettere ______________________
3. assumere ______________________
4. offrire ______________________
5. citare ______________________
6. fare ______________________
7. capire ______________________
8. credere ______________________

Dal diario di Francesca:	
Finalmente ho conosciuto Britta Neumaier, la nostra ragazza alla pari. Devo dire che mi ha fatto un'ottima *impressione*. Britta è una ragazza intelligente, parla molto bene l' italiano e conosce anche la letteratura!	*Eindruck*
Ho messo una parte della mia biblioteca in camera sua, così Britta, nel suo *tempo libero*, può leggere tutti i *classici* italiani.	*Freizeit* *Klassiker*
Secondo me abbiamo trovato la ragazza *giusta* e per questo ho subito *assunto* Britta. Solo Claudio ha sempre qualcosa da *criticare*.	*richtig* *eingestellt* *meckern*

TEST 3: Quiz-Show

1. Francesca ha conosciuto
a. Einstein.
b. Britta.
c. Dante.

2. Britta è
a. intelligente.
b. italiana.
c. formale.

3. Claudio ha
a. una passione per Britta.
b. una casa editrice.
c. qualcosa da criticare.

TEST 4: Fehler raus!

Ersetzen Sie den falschen, kursiv gedruckten Begriff durch den richtigen aus dem Wortangebot.

ragazza giusta – preso – clinica – ragazza alla pari – leggere – giorno di lavoro

1. Claudio è medico e lavora in una grande *biblioteca*.
2. La signora Galli mi ha offerto un posto come *medico*.
3. Secondo me abbiamo trovato la *casa editrice*.
4. Domani è il mio primo *entusiasmo*.
5. Britta può *assumere* tutti i classici italiani.
6. Abbiamo *fatto* il caffè insieme.

Mi ha detto che abbiamo bisogno di una ragazza per i lavori di casa e per le bambine, non di un Einstein! *Che deficiente*! Ma Claudio non ha ancora conosciuto Britta. Ha visto solo la sua lettera ed *una sua foto*. Anche Claudio deve capire che Britta è intelligente, sì, ma che s'intende anche di cose *pratiche*. Martedì ho una *conferenza* importante e così Britta deve *fare da sola*: deve preparare la *colazione*, poi deve accompagnare le due bambine in macchina ... a proposito: devo *portare* la nostra *vecchia* Alfa Romeo in *officina*. C'è qualcosa che non va.

So ein Blödmann!
ein Foto von ihr
praktisch
Konferenz
allein zurechtkommen; Frühstück
bringen; alt
Werkstatt

TEST 5: Gegenwart gefragt

1. Claudio *ha visto* una sua foto. — Claudio *vede* una sua foto.
2. *Abbiamo preso* il caffè insieme. — ______________
3. *Hai portato* l'Alfa Romeo in officina? — ______________
4. I Galli mi *hanno offerto* un tè. — ______________
5. Io *ho assunto* un medico. — ______________
6. *Avete messo* i libri in biblioteca? — ______________

TEST 6: Wer übersetzt diesen Blödsinn?

1. Wir haben Einstein eingestellt.
2. Die Gallis haben mir einen Blödmann angeboten.
3. Hast du das Aupairmädchen probiert?
4. Meiner Meinung nach hat Dante in seiner Freizeit gemeckert.
5. Die Tagebücher haben eine Bibliothek kennen gelernt.

4 Der erste

4 Il primo giorno

Dal diario di Britta:
Oggi è stato il mio primo giorno a casa della famiglia Galli. E devo dire che tutto è andato *abbastanza* bene. Francesca Galli mi ha *spiegato* i miei *compiti*, mi ha *fatto vedere* la cucina, il bagno, le camere delle bambine, la *cantina*, il garage ... tutto.
Poi ho conosciuto il marito di Francesca, Claudio, un tipo simpatico, ma molto *silenzioso.* Le due figlie, Mariangela e Stella, *invece* sono *vivaci* come la loro mamma.
Solo ieri le due bambine sono tornate da una vacanza con *i nonni*, e domani *ricomincia* la scuola e anche l'*asilo.*

heute
ziemlich
erklärt; Aufgaben;
gezeigt
Keller
schweigsam
hingegen; lebhaft
erst gestern
Großeltern; fängt
wieder an;
Kindergarten

Auf einen BLICK: Partizip Perfekt (mit *essere*)

(io)	sono andat**o**/**a**
(tu)	sei andat**o**/**a**
(lui / lei)	è andat**o**/**a**
(noi)	siamo andat**i**/**e**
(voi)	siete andat**i**/**e**
(loro)	sono andat**i**/**e**

- In Verbindung mit essere ändert sich das Partizip Perfekt nach Zahl und Geschlecht: **Singular: -o / -a** **Plural: -i / -e**
- Ein Mann im Plural genügt, und alles richtet sich nach ihm, also Endung **-i**.
- Das Partizip Perfekt von *essere = stato/a/i/e*
- Mit *essere* verbunden werden Verben der Bewegung und *essere* selbst.

Questo è uno dei miei compiti: devo portare Stella all'asilo, poi accompagnare Mari (così la chiamano in famiglia) a scuola. E non andiamo a piedi, ma prendiamo la macchina della signora Galli: un'Alfa Romeo – fantastico!	
Ma il problema in una grande *città* come Milano è il	*Stadt*
traffico. Ho un po' *paura* perché gli italiani *guidano in modo* molto *caotico*.	*Verkehr; Angst; fahren; auf chaotische Weise*
Un altro mio compito in casa Galli è la cucina: aiaiai, non sono mai stata una grande *cuoca*!	*Köchin*
Mangio volentieri la pasta, d'accordo, ma non sono molto brava a prepararla. Mi manca l'*esperienza*.	*es fehlt die Erfahrung*

TEST 1: Das ist's gewesen

Bilden Sie die Vergangenheit mit *essere*.

1.	Stella va all'asilo.	Stella *è andata* all'asilo.
2.	Claudio e Francesca tornano dalle vacanze.	______________
3.	Franco è a Milano.	______________
4.	Andiamo a scuola.	______________
5.	Mari e Britta vanno in cucina.	______________
6.	Siamo in Italia.	______________
7.	Questo compito è difficile.	______________

TEST 2: Was passt hier nicht rein?

1. cucina – bagno – clinica – salotto
2. macchina – traffico – officina – pomeriggio
3. cuoca – papà – nonno – mamma
4. bambina – figlia – ragazza – esperienza

Mariangela (**M**), Francesca (**F**)

M: Britta è andata in camera sua, mamma?
F: Sì, tesoro, e adesso anche tu vai a letto.
M: Ma devo ancora *parlarti* ... — *mit dir sprechen*
F: *Di che cosa* mi devi parlare? — *worüber*
M: Di Britta!
F: E allora? È simpatica, vero?
M: Sì, ma ...
F: Cosa?
M: Non sa cucinare ...
F: Ah sì?
M: Sì, mamma, la pasta ... *totalmente scotta*! — *völlig verkocht*
F: Eh, non ha ancora imparato come *si fa.* — *man macht*

TEST 3: Haben oder sein?

Bilden Sie das Perfekt mit *avere* oder *essere.*

1. La mamma ______________ in camera sua. (*andare*)
2. Britta non ______________ la cucina italiana. (*imparare*)
3. Le figlie ______________ la ragazza. (*conoscere*)
4. Claudio e Francesca ______________ a casa. (*tornare*)
5. Britta ______________ nel salotto. (*essere*)
6. Francesca ______________ la macchina. (*pagare*)
7. Io ______________ Mariangela a scuola. (*portare*)

TEST 4: Quiz-Show

1. La pasta è
a. scotta.
b. simpatica.
c. famosa.

2. Britta è andata
a. in officina.
b. alla casa editrice.
c. in camera sua.

3. Gli italiani guidano
a. in modo caotico.
b. in modo simpatico
c. in modo fantastico.

M:	Ma, domani cucini tu, mamma?	
F:	No, amore, domani devo lavorare.	
M:	E Stella ed io, cosa mangiamo?	
F:	*Pazienza*, tesoro, spiego a Britta come si fa la pasta.	*Immer mit der Ruhe!*
M:	E che tipo di pasta?	
F:	Oh, Mari, *non fare tante storie*! Ho già scritto un *foglio* con la ricetta per gli spaghetti *alla carbonara*, con tutti i *dettagli* ... così Britta impara.	*Mach nicht so viel Theater!; Zettel; nach Köhlerart; Details*
M:	Ma io preferisco mangiare un hamburger ...	
F:	*Finiamola* ... Britta è la nostra ragazza alla pari e noi la paghiamo anche per i lavori di casa.	*Schluss damit!*
M:	Ma se non sa cucinare ...	
F:	*Basta ora*, a letto!	*Jetzt reicht's!*

TEST 5: Richtig oder falsch?

	sì	no
1. Britta cucina molto bene.		
2. Claudio è un tipo silenzioso.		
3. Stella accompagna Mari a scuola.		
4. I nonni vanno all'asilo.		
5. La mamma mangia un hamburger.		

TEST 6: Wer übersetzt den Quatsch?

1. Wir haben Einstein zum Kindergarten gebracht.
2. Die Spaghetti sind aus den Ferien zurückgekehrt.
3. Claudio hat die Bibliothek gegessen. So ein Blödmann!
4. Die Pasta hat das Rezept auf einen Zettel geschrieben.
5. Das Tagebuch hat immer etwas zu meckern.

5 La prima colazione

Britta (**B**) e Mariangela (**M**)

B: Allora, cosa ti preparo per colazione? E per Stella? Non conosco ancora le vostre *abitudini*. — *Gewohnheiten*

M: Stella mangia i *biscotti* con un bicchiere di *latte caldo* ... ed io i cornflakes. — *Kekse; warme Milch*

B: Bene, ecco i biscotti per Stella. Il latte lo devo ancora *scaldare* ... ed i cornflakes, Mari, li mangi con il latte *freddo*? — *wärmen*; *kalt*

M: Sì, con il latte freddo e un po' di zucchero ... ma tu non prendi niente, Britta?

B: Ma sì, adesso preparo qualcosa anche per me.

M: E che cosa mangi a colazione?

Auf einen BLICK: Akkusativpronomen

Singular:	Preparo la colazione.	La preparo.	**(f)**
	Scaldo il latte.	Lo scaldo.	**(m)**
Plural:	Conosco le abitudini.	Le conosco.	**(f)**
	Mangio i biscotti.	Li mangio.	**(m)**

In Verbindung mit *volere, dovere, potere, sapere, andare a, venire a* stehen die Pronomen entweder **vor dem konjugierten Verb** oder werden **an den Infinitiv angehängt** (End-e entfällt).

Beispiele:

La colazione: **La** devo preparare.
Devo prepararl**a**.

I biscotti: **Li** posso mangiare.
Posso mangiar**li**.

B:	Un *panino* con il *salame*.	*Brötchen; Salami*
M:	*Che schifo*! Il salame a colazione!	*Wie eklig!*
B:	Perché? In Germania si mangiano anche le *cose salate* a colazione.	*salzige Sachen*
M:	E che cosa *bevi*?	*du trinkst*
B:	Un *bicchiere* di latte caldo.	*Glas*
M:	Ma sei *pazza*! *Ti rovini* la *digestione*!	*verrückt; du ruinierst dir; Verdauung*
B:	Eh, cara, non esageriamo ... io sto bene.	
M:	E la fai sempre così?	
B:	Cosa?	
M:	La colazione.	
B:	Sì, per me è normale.	

TEST 1: Was gibt's zum Frühstück?

1. Mangi il panino con il salame? – Sì, *lo* mangio.
2. Prendi i cornflakes? – Sì, ______ prendo.
3. Scaldi il latte? – Sì, ______ scaldo.
4. Volete i biscotti? – Sì, ______ vogliamo.
5. Mangiate il salame? – Sì, ______ mangiamo.
6. Prendete il latte freddo? – Sì, ______ prendiamo.
7. Fai colazione? – Sì, ______ faccio.

TEST 2: Was passt hier nicht rein?

1. biscotti – panino – vino – cornflakes
2. asilo – letteratura – casa editrice – biblioteca
3. lettera – posta – cassetta delle lettere – colazione
4. latte – curriculum – certificato – retribuzione

Britta (**B**) e Stella (**S**)

B:	*Su*, Stellina, dobbiamo andare ...	*los!, auf!*
S:	Ma mi devo ancora *mettere le scarpe* ...	*Schuhe anziehen*
B:	*Sbrigati*!	*Beeile dich!*
S:	Ma non le so *allacciare* da sola!	*binden*
B:	Come? Una ragazza grande come te! Oggi *ti aiuto*, ma lo devi imparare ...	*Ich helfe dir*
S:	E mi devo *lavare i denti.*	*Zähne putzen*
B:	È già tardi, dobbiamo andare!	
S:	Ma se non mi lavo i denti, la mamma *mi sgrida.*	*schimpft mich aus; derweil*
B:	Va bene, tu ti lavi i denti ed io *intanto* vi preparo la *merenda.*	*Pausenbrot*

TEST 3: Setzen Sie zusammen, was zusammengehört

1. il latte	**a.** scotta
2. i ragazzi	**b.** tedesca
3. la pasta	**c.** caldo
4. la ragazza	**d.** accogliente
5. la casa	**e.** italiani
6. le merende	**f.** dolci

TEST 4: Pronomen: einmal von hinten, einmal von vorn

1. La merenda: Devo prepararla.	La devo preparare.
2. I biscotti: Possiamo mangiarli.	______________
3. I denti: Dovete lavarli.	______________
4. Il latte: Voglio scaldarlo.	______________
5. Le scarpe: Devo allacciarle.	______________
6. Le lettere: Puoi leggerle.	______________

Britta (**B**) e Mariangela (**M**)

M:	Britta, non trovo lo *zainetto*.	*kleiner Rucksack,*
B:	È qui nel *corridoio* ...	*Ranzen; Flur*
M:	E la merenda?	
B:	Vi ho preparato un panino con il formaggio, uno per te ed uno per Stella.	
M:	Ma Stella il formaggio non lo mangia.	
B:	O ragazze, mi fate perdere la *pazienza* ... allora niente formaggio ...	*Geduld*
M:	Stella mangia solo il *prosciutto di Parma.*	*Parmaschinken*
B:	Eh, non siamo *per niente viziati*! ... Ma adesso su, *se no* arriviamo *in ritardo*, io non conosco ancora la strada e a quest'ora c'è molto traffico ...	*überhaupt nicht; verwöhnt; sonst; zu spät*

TEST 5: Fehler raus!

traffico – andare – sgrida – cose salate – pazienza

1. Se non mi lavo i denti, la mamma mi *mangia.*
2. O ragazze, mi fate perdere *il treno*!
3. In Germania si mangiano le *scarpe* a colazione.
4. A quest'ora c'è molto *prosciutto.*
5. È già tardi, dobbiamo *pagare.*

TEST 6: Seltsames Frühstück

1. Eine salzige Bibliothek zum Frühstück? Wie eklig!
2. Willst du ein Käsebrötchen? – Ich kann es aber nicht allein binden.
3. Beeil dich! Sonst kommen die Zähne zu spät.
4. Zuerst muss ich die Schuhe wärmen.
5. Die Cornflakes wollen keinen Parmaschinken! Den essen sie nicht.

6 Zur Schule

6 *Andare a scuola*

Britta (**B**), Mariangela (**M**) e Stella (**S**) in macchina.

B:	*Che ore sono*, Mari?.	*wie spät ist es?*
M:	Sono le nove *meno un quarto*.	*weniger ein Viertel*
B:	Oddio, non so se facciamo in tempo ... Ma cosa c'è? Perché non *parte*?	*fährt nicht los*
M:	Hai la *chiave giusta*?	*Schlüssel; richtig*
B:	Eh, certo, c'è qualcosa al *motore* che non va.	*Motor*
M:	La mamma mi ha detto che deve portare la macchina in officina.	
B:	Ottimo! E adesso che facciamo? Siamo già *in ritardo*.	*verspätet*
M:	Prendiamo il tram. Guarda, la fermata è *a due passi da qui*.	*zwei Schritte von hier*
B:	Oh, madonna, *iniziamo bene*.	*das fängt ja gut an*

Auf einen BLICK: Imperative (Du-Form und Ihr-Form)

are-Verben (guardare)		**ere**-Verben (prendere)		**ire**-Verben (sentire)	
guard**na**!	schau!	prend**i**!	nimm!	sent**i**!	höre!
guard**ate**!	schaut!	prend**ete**!	nehmt!	sent**ite**!	hört!
guard**ate**!	schauen Sie! (Höfliche Anrede für mehrere Personen)	prend**ete**!	nehmen Sie! (Höfliche Anrede für mehrere Personen)	sent**ite**!	hören Sie! (Höfliche Anrede für mehrere Personen)

An die **Imperative** der 2. Person Singular und Plural (Du-Form und Ihr-Form) werden die **Pronomen angehängt**:

guarda**mi**!	schau **mich** an!
prendete**la**!	nehmt **sie**!
sbrigate**vi**!	beeilt **euch**!

S:	Ma non abbiamo i biglietti.	
B:	Li ho io ... prendi, Stella, uno per te, ed ecco uno per te, Mari. Sapete quante *fermate* sono?	*Haltestellen*
S:	Non lo so, perché normalmente andiamo in macchina.	
B:	Molto *spiritoso*!	*geistreich*
S:	Ecco il tram!	
B:	Su, ragazze, sbrigatevi! Io intanto *chiedo* all'*autista* quante fermate sono ... Allora, sono cinque fermate fino all'asilo e dieci fermate *fino alla* scuola ... arriveremo con un ritardo *clamoroso*!	*ich frage; Fahrer* / *bis zu* / *entsetzlich*

TEST 1: Kommandieren Sie rum!

Bilden Sie den Imperativ in der 2. Person Singular und Plural.

1. a. *Allaccia* le scarpe! **b.** *Allacciate* le scarpe! (*allacciare*)
2. a. __________ la pasta! **b.** __________! (*preparare*)
3. a. __________ il tram! **b.** __________! (*prendere*)
4. a. __________ il latte! **b.** __________! (*scaldare*)
5. a. __________ la lettera! **b.** __________! (*leggere*)
6. a. __________ la risposta! **b.** __________! (*sentire*)
7. a. __________ la mamma! **b.** __________! (*aiutare*)

TEST 2: Drücken Sie's anders aus!

assunto – preparo – accompagna – a due passi – silenziosa

1. La fermata del tram è *vicina.*
2. La famiglia Galli mi ha *dato il posto di lavoro.*
3. Claudio è una persona *che non parla molto.*
4. Britta *porta* Stella all'asilo.
5. Che cosa vi *faccio* per colazione?

Claudio (**C**) e Francesca (**F**)

C: Scusa, ma non *volevi* portare la macchina in officina? — *du wolltest*
F: Sì, perché?
C: Perché è stata una *giornataccia* per Britta e per le bambine ... — *schrecklicher Tag*
F: Non capisco.
C: Britta non ha potuto accompagnare Mari e Stella perché la macchina non è partita. E tu, cara Francesca, sai che ha un *guasto al motore.* — *Motorschaden*
F: Oh, mi dispiace ... ho completamente dimenticato l'appuntamento in officina ... Ma ieri l'Alfa è ancora partita!

TEST 3: Werden Sie deutlich!

Machen Sie aus der freundlichen Umschreibung einen Befehl.

1. Mi puoi accompagnare in macchina? **_Accompagnami_ in macchina!**
2. Devi sbrigarti! ____________
3. La merenda? Puoi prenderla. ____________
4. Vuoi partire subito? ____________
5. Cerca di concentrarti. ____________
6. I biscotti? Puoi mangiarli. ____________
7. Il biglietto? Devi prenderlo. ____________

TEST 4: Wie gehören die Teile zusammen?

1. Io chiedo all'
2. Ho completamente dimenticato
3. La mamma mi ha detto che
4. È stata una
5. C'è qualcosa al motore
6. Arriveremo con

a. giornataccia per Britta.
b. che non va.
c. un ritardo clamoroso.
d. autista quante fermate sono.
e. deve portare la macchina in officina.
f. l'appuntamento in officina.

C:	E che vuol dire? Ieri è partita, ma oggi no.	
F:	E Britta e le bambine? Come hanno fatto?	
C:	Hanno preso il tram e sono arrivate con un ritardo clamoroso.	
F:	Mi dispiace tanto, ma sai, Claudio, ho tante cose *per la testa* ...	*im Kopf*
C:	Cerca di *concentrarti*.	*dich konzentrieren;*
F:	Concentrarmi, concentrarmi! Per te è *facile*, tu hai il tuo lavoro e basta. Io invece devo occuparmi di *centomila* cose *diverse*!	*leicht* / *100 000; verschiedene*
C:	Certo, io ho "solo" il mio lavoro. Guarda, Francesca, io lavoro dodici ore al giorno!	
F:	*Lascia stare*, non ho voglia di *litigare*. Domani porto subito la macchina in officina.	*lass (gut) sein; streiten*
C:	Hai *ragione*, facciamo pace!	*Recht; vertragen wir uns*

TEST 5: Keine Lust zu gar nix

1. Lavati i denti! — Ma non ho voglia di lavarmi i denti!
2. Concentrati! ______________________
3. Accomodati nel salotto! ______________________
4. Mettiti le scarpe! ______________________
5. Sbrigati! ______________________
6. Occupati delle bambine! ______________________
7. Presentati alla signora Galli! ______________________

TEST 6: So ein Quatsch! Übersetzen Sie!

1. Die Kekse sind mit einer entsetzlichen Verspätung angekommen.
2. Bring das Frühstück in die Werkstatt! Es hat einen Motorschaden.
3. Beeilt euch! Bringt die Straßenbahn in den Kindergarten!
4. Das Auto hat keine Lust, sich die Zähne zu putzen.
5. Nimm die Schuhe und wiederhole sie!
6. Die Cornflakes haben keine Lust zu streiten.

7 Einkaufen

7 Fare la spesa

Britta (**B**) deve fare la spesa e chiede a Francesca (**F**) che cosa c'è da comprare.

B:	Allora, signora, cosa *serve*?	*wird gebraucht*
F:	Ho già preparato la *lista della spesa*, guarda, Britta: servono tre pacchetti di spaghetti e sei *uova*, poi *occorre* un po' di *pancetta* … tutto questo per gli spaghetti alla carbonara.	*Einkaufsliste*; *Eier*; *es wird gebraucht*; *Bauchspeck*
B:	Ma ci sono ancora i maccheroni … posso prendere i maccheroni *al posto* degli spaghetti.	*statt*
F:	Ma no, per carità! La carbonara si fa solo con gli spaghetti!	
B:	Ah, non lo *sapevo* … in Germania non ha *importanza.* I diversi *sughi* si mangiano praticamente con tutti i tipi di pasta.	*ich wusste; Bedeutung; Soßen*

Auf einen BLICK: *servire* + *occorrere* (brauchen)

servire		**occorrere**	
Serv**e** un uovo.	Es **wird** ein Ei **gebraucht.**	Occorr**e** un uovo.	Es **wird** ein Ei **gebraucht.**
Serv**ono** sei uova.	Es **werden** sechs Eier **gebraucht.**	Occorr**ono** sei uova.	Es **werden** sechs Eier **gebraucht.**

1. *Servire* und *occorrere* kann man wörtlich mit „dienen" oder „gebraucht werden" übersetzen, deshalb verändern sie sich nach Singular und Plural.

2. *Servire* und *occorrere* funktionieren auch mit Pronomen:

Che cosa **ti** serve?	(Was dient **dir**?)	Was brauchst du?
Mi serve/occorre un biscotto.	(**Mir** dient ein Keks.)	Ich brauche …
Mi servono/occorrono tre biscotti.	(**Mir** dienen drei Kekse.)	Ich brauche …

3. Nach Singular und Plural verändern sich auch Konstruktionen mit ***si*** (man): si mangi**a** la pasta / si mangi**ano** gli spaghetti

F:	Ah no, in Italia ci sono *determinati* tipi di pasta per determinati sughi.	*bestimmte*
B:	Interessante ...	
F:	Ok, andiamo avanti: serve anche un po' di frutta, due litri di latte, due *scatole* di *biscotti integrali* ...	*Schachteln; Vollkornkekse*
B:	Quale frutta?	
F:	Alle bambine piacciono molto i *mandarini* e le banane ... forse mezzo chilo di mandarini e cinque banane.	*Mandarinen*
B:	*Altro?*	*sonst noch was?*
F:	Sì, per stasera prendi un *pollo arrosto.* Claudio ed io ceniamo *fuori* e così non devi cucinare. Basta scaldare il pollo e fare *due patatine.*	*gebratenes Hähnchen; außer Haus; ein paar Pommes frites*

TEST 1: Was wird gebraucht ?

Setzen Sie die richtige Form von *servire* ein

1. *Serve* un po' di frutta.
2. _____ ____ due litri di latte.
3. __________ una scatola di biscotti.
4. __________ un pollo arrosto.
5. __________ alcuni biscotti integrali.
6. __________ sei uova.
7. __________ cinque banane.

TEST 2: Richtig oder falsch?

	sì	no
1. La carbonara si fa solo con gli spaghetti.		
2. Claudio e Francesca cenano fuori.		
3. Britta deve comprare i cornflakes.		
4. Francesca mangia solo i maccheroni.		
5. Servono due litri di latte.		

B:	E le patatine? Come si fanno?	
F:	Prendi le patatine *surgelate* al supermercato. Si scaldano nel *forno*. Mari può aiutarti ...	*tiefgekühlt* *Ofen*
B:	Bene. È tutto?	
F:	Penso di sì. Il supermercato è a due passi da qui e lì trovi praticamente tutto. Solo per la frutta e la *verdura ti consiglio* un altro negozio dove si vende solo *roba bio*.	*Gemüse; ich empfehle; Biozeug*
B:	Roba bio?	
F:	Sì, *da coltivazione biologica*.	*aus biologischem Anbau;*
B:	Ho capito, ma è strano: *da un lato* le patatine surgelate, *dall'altro* la roba bio ...	*einerseits andererseits*
F:	Britta, ti prego, non fare la tedesca!	

TEST 3: Essgewohnheiten

si fa – si scaldano – si mangia – si mangiano – serve – occorrono

1. Le patatine *si scaldano* nel forno.
2. La carbonara ______________ solo con gli spaghetti.
3. Per la colazione ______________ alcuni mandarini.
4. In Italia ______________ anche i maccheroni.
5. Per stasera mi ______________ un pacchetto di spaghetti.
6. Ma in questa famiglia ______________ solo roba bio.

TEST 4: Was passt hier nicht rein?

1. ananas – pollo – banana – mandarino
2. spaghetti – maccheroni – patatine – lasagne
3. verdura – garage – officina – macchina
4. salame – pancetta – prosciutto – negozio
5. salato – cucina – bagno – salotto

B:	Ma per me è una *contraddizione*!	*Widerspruch*
F:	Contraddizione, contraddizione ... la *vita è* fatta di contraddizioni!	*Leben*
B:	Mmh ...	
F:	Britta, tu sei una persona intelligente, cerca di essere meno *dogmatica*.	*dogmatisch*
B:	*Probabilmente* sono troppo tedesca.	*wahrscheinlich*
F:	E un po' sei come Claudio, mio marito.	
B:	Ah sì?	
F:	Sì, anche lui mi critica sempre.	
B:	Ma io non La critico, voglio solo ...	
F:	Lascia stare, cara, *in fondo* hai anche ragione.	*im Grunde*

TEST 5: Setzen Sie die richtige Präposition ein!

di – della – da – in – al – dall'

1. Che cosa c'è ______ comprare?
2. La vita è fatta ______ contraddizioni.
3. Da un lato mangi le patatine ______ altro la roba bio.
4. Compri la pancetta ______ supermercato.
5. ______ Italia la carbonara si mangia con gli spaghetti.
6. Ho preparato la lista ______ spesa.

TEST 6: So ein Quatsch! – Übersetzen Sie!

1. Das gebratene Hähnchen kritisiert mich immer.
2. Die Schuhe sind aus biologischem Anbau.
3. Es werden einige tiefgekühlte Mädchen gebraucht.
4. Die Vollkornkekse essen außer Haus zu Abend.
5. Den Widerspruch macht man nur mit Spaghetti.
6. Im Grunde haben die tiefgekühlten Pommes Recht.

8 Nach dem Abend

8 *Dopo la cena da amici*

Francesca (**F**) e Claudio (**C**) sono tornati a casa dopo una cena da amici.

F:	Mamma mia, mi sento una *botte* ... ho mangiato troppo.	*Fass*
C:	Anch'io ho esagerato ... soprattutto con i *gamberetti*, li hai *sentiti*?	*Krabben* *probiert*
F:	Sì, buonissimi! E non parliamo delle *quaglie farcite* ...	*gefüllte Wachteln*
C:	Quaglie farcite? Non le ho viste.	
F:	Forse perché Piero ed io le abbiamo mangiate tutte.	
C:	Piero? Quale Piero?	
F:	Il *bancario* del "Monte dei Paschi di Siena" ... Quello alto ...	*Bänker*
C:	... e *calvo*? Con la cravatta *disegno "Topolino"*?	*glatzköpfig; Mickymaus-Design*

Auf einen BLICK: Partizip Perfekt + *lo, la, li, le*

Hai sentito i gamberetti?	–	Sì, **li** ho sentiti.
Hai visto le quaglie?	–	Sì, **le** ho viste.
Hai sposato la ragazza?	–	Sì, **l(a)**'ho sposat**a**.
Hai visto Giuseppe?	–	Sì, **l(o)**'ho vist**o**.

Das Partizip Perfekt (*sentito; visto, sposato*) ist in Verbindung mit *avere* unveränderlich.

Nur wenn ein Akkusativpronomen (*lo, la, li, le*) vor den konjugierten Formen von *avere* steht, passt sich das Partizip Perfekt an (Endungen **-o**, **-a**, **-i**, **-e**).

Die Pronomen im Singular (*lo* + *la*) werden apostrophiert, die Pronomen im Plural (*li* + *le*) nicht.

F: Va be', probabilmente non ha *gusto* ... ma è molto simpatico. E tu? Chi *era* la ragazza con il *vestito* rosso?	*Geschmack* *war* *Kleid*
C: *Due anni fa* era la segretaria del *primario*, Giuseppe Bruni, adesso è sua moglie.	*vor zwei Jahren; Chef-arzt*
F: L'ha sposata? Ma è giovanissima!	
C: *Tanto meglio* per Giuseppe! Non l'ho mai visto così *felice*.	*umso besser* *glücklich*
F: Eh, lo capisco, è una ragazza molto *carina*!	*hübsch*
C: Trovi? Per me Britta è più carina di lei.	
F: Britta? Quale Britta?	
C: Oh, Francesca! La nostra ragazza alla pari naturalmente!	

TEST 1: Fragen über Fragen

1. Hai visto la cravatta? Sì, *l'ho* vista.
2. Avete sentito i gamberetti? ______
3. Ha visto il primario? ______
4. Hai mangiato le quaglie? ______
5. Avete assunto Britta? ______
6. Ha sposato la segretaria? ______
7. Hai comprato i mandarini? ______

TEST 2: Fehler raus!

carina – calvo – gusto – botte – primario

1. Probabilmente il bancario non ha *mangiato.*
2. La ragazza era la segretaria del *gamberetto.*
3. Francesca si sente una *quaglia.*
4. Il bancario è alto e *bello.*
5. La ragazza è molto *alla pari.*

F:	Ah, interessante ... allora la nostra Britta *ti piace*!	*gefällt dir*
C:	E non sei contenta? L'hai assunta tu!	
F:	L'ho assunta per i lavori di casa, per le bambine, ma non per fare la top model!	
C:	Francesca, ti prego! Ho solo detto che la trovo carina e basta. Top model! Tu esageri!	
F:	Pss, parla *piano*, ti prego. Britta dorme nella camera *accanto*.	*leise* *nebenan*
C:	Non dico più niente, sono *stanco morto*. Buona notte, amore.	*todmüde*
F:	Hai ragione, dormiamo, domani devo andare via *prestissimo*. Buona notte, tesoro.	*sehr früh*

TEST 3: Quiz-Show

1. Britta dorme
- **a.** in una botte.
- **b.** nella camera accanto.
- **c.** dal primario.

2. Il bancario è
- **a.** giovanissimo.
- **b.** farcito.
- **c.** simpatico.

3. Il primario è
- **a.** felice.
- **b.** stanco morto.
- **c.** carino.

TEST 4: Schon erledigt

1. Prendi lo zainetto! L'ho già preso.
2. Compra il latte! ____________
3. Mangia le banane! ____________
4. Scalda il pollo arrosto! ____________
5. Paga la bolletta del telefono! ____________
6. Sposa la segretaria! ____________
7. Prendi i biscotti integrali! ____________

C:	Buon giorno, Britta.	
B:	Ah, buon giorno, dottor Galli ... fa colazione con Mari e Stella?	
C:	E anche con Lei, *spero*!	*ich hoffe*
B:	Eh, ... se non *disturbo*.	*ich störe*
C:	Non disturba per niente! Ieri sera è andato tutto bene?	
B:	Sì, abbiamo mangiato il pollo con le patatine, poi Mari e Stella hanno guardato la tv, e alle 9.30 le ho portate a letto.	
C:	Lei ha proprio talento! Con noi non vanno a letto prima delle 22.00.	
B:	*Davvero*? Sarà la mia *autorità* tedesca!	*tatsächlich; Autorität*

TEST 5: Wie gehören die Satzteile zusammen?

1. Mari e Stella
2. Il dottor Galli
3. Francesca deve
4. Mi sento una botte
5. Siamo tornati a casa
6. Hai visto

a. dopo una cena da amici.
b. perché ho mangiato troppo.
c. hanno guardato la tv.
d. la ragazza con il vestito rosso?
e. fa colazione con Mari e Stella.
f. andare via prestissimo.

TEST 6: Wer übersetzt diesen Blödsinn?

1. Um halb zehn haben die Krabben ferngesehen.
2. Die gefüllten Wachteln? Ja, ich habe sie ins Bett gebracht.
3. Das Bett schläft im Zimmer nebenan.
4. Wir haben einen Chefarzt mit Vollkornkeksen gegessen.
5. Die Krawatte frühstückt mit der Einkaufsliste.
6. Das Top-Model? Ich habe es im Supermarkt gekauft.

9 E-Mail

Carissima Maria,
è quasi una settimana che sono a Milano come ragazza alla pari dai Galli. E se *ricordo* bene ti ho già parlato di Mari e Stella, le due figlie, e di Francesca, la loro mamma caotica. Oggi invece vorrei parlarti di Claudio, il marito di Francesca. In un primo momento può sembrare un tipo silenzioso, *piuttosto timido.* Ma *nel frattempo* l'ho conosciuto meglio. Lui è molto gentile con me, e comincia quasi a *farmi la corte.* Non so ... forse non mi fa la corte, ma ho *notato* che gli piaccio. E ho anche notato che questo *fatto* non piace per niente a Francesca.

ich erinnere mich

eher
schüchtern; inzwischen; mir den Hof zu machen;
bemerkt
Tatsache

Auf einen BLICK: Dativpronomen

mi	mir
ti	dir
gli / le / Le	ihm / ihr / Ihnen
ci	uns
vi	euch
gli	ihnen

1. Die Pronomen stehen vor dem konjugierten Verb:
   ***Mi** fa la corte.* Er macht **mir** den Hof.
2. Die Pronomen können an den Infinitiv angehängt werden:
   *Comincia a far**mi** la corte.* Er beginnt, **mir** den Hof zu machen.
3. Bestimmte Verben, die im Deutschen mit dem Akkusativ stehen, werden im Italienischen mit dem Dativ gebraucht, zum Beispiel **telefonare a**
   In Italien sagt man also: ***Gli** telefono.* (Ich rufe **ihm** an.)

   Umgekehrt: *ricordare* steht mit Akkusativ: ***Lo** ricordo.*
   (Ich erinnere **ihn**. Statt: Ich erinnere mich **an ihn**.)

Lei è *diventata* più fredda e *distanziata* perché è gelosa. La capisco e per questo le dirò che non ha niente da *temere:* Claudio è un uomo simpatico, ma *prima di tutto è* il marito di Francesca e poi è anche troppo grande per me. Preferisco i ragazzi *più giovani*.	*geworden; distanziert* *(be-)fürchten; vor allem* *jünger*
Non mi piacciono queste situazioni: da un lato devo essere gentile con tutti, dall'altro non troppo gentile con Claudio. E non voglio perdere il posto di lavoro perché mi trovo proprio bene qui. Forse tu, cara Maria, mi sai dare un consiglio?	
Ti abbraccio, tua Britta	*ich umarme dich*

TEST 1: Wem geben Sie einen Rat?

1. Do un consiglio *a Britta.* — *Le* do un consiglio.
2. Do un consiglio *a Piero.* — ____________
3. Do un consiglio *a voi.* — ____________
4. Do un consiglio *alla mamma.* — ____________
5. Do un consiglio *ai ragazzi.* — ____________
6. Do un consiglio *a te.* — ____________
7. Do un consiglio *a mio marito.* — ____________

TEST 2: Richtig oder falsch?

	sì	no
1. Claudio fa la corte a Britta.		
2. Maria è diventata più distanziata.		
3. Britta preferisce i ragazzi più giovani.		
4. Francesca è gelosa.		
5. Claudio è troppo timido.		
6. Claudio preferisce i ragazzi giovani.		

Caro Giuseppe,
grazie ancora per la buonissima cena a casa tua!
Non abbiamo solo potuto sentire molte *specialità*, ma abbiamo anche avuto *modo* di conoscere gente simpatica ed interessante. Francesca, *per esempio*, ha parlato a lungo con il bancario del "Monte dei Paschi di Siena", Piero, e lo *ricorda con piacere*.
Il prossimo *fine settimana* Francesca *compie gli anni*, e ho pensato di *organizzare* una piccola festa a casa nostra. Vorrei invitare tua moglie e te e anche Piero.
Mi puoi dare il suo numero? Così gli telefono.
Fatti vivo! *A presto*, Claudio

Spezialitäten
Gelegenheit
zum Beispiel
erinnert sich gern
Wochenende; hat Geburtstag; organisieren
Melde dich!; Auf bald!

TEST 3: Wie gehören die Satzteile zusammen?

1. Ho pensato di
2. Se mi dai il suo numero
3. Abbiamo avuto modo di
4. Dirò a Francesca che
5. Ho notato che
6. Questo fatto non

a. le piace per niente.
b. gli piaccio.
c. organizzare una piccola festa.
d. conoscere gente simpatica.
e. gli posso telefonare.
f. non ha niente da temere.

TEST 4: Pronomen erwünscht!

Tipp: Schaffen Sie sich eine zusätzliche Übung, indem Sie die fertigen Sätze ins Deutsche übersetzen. (Lösung im Schlüssel)

1. *Mi* puoi dare il suo numero? (*io*)
2. ______ telefono domani. (*lui*)
3. ______ sai dare un consiglio? (*noi*)
4. ______ dirò che mi piacciono i ragazzi giovani. (*lei*)
5. ______ telefoniamo stasera! (*voi*)
6. ______ dai la tua macchina? (*loro*)
7. ______ possiamo fare un regalo? (*tu*)

Caro Claudio,
ti *rispondo* solo *brevemente* perché ho pochissimo tempo. Grazie dell'invito. Cinzia ed io *accettiamo* volentieri. Mi devi solo dire quando dobbiamo venire e che *regalo* possiamo fare a Francesca.
Ed eccoti il numero di Piero: 02 – 45 46 78. Ti lascio anche il numero del suo *cellulare*: 338 – 95 97 031. Sarà contento anche lui dell'invito ... è molto *affascinato* da Francesca, *quindi* stai attento!
A presto, Giuseppe

ich antworte; kurz
wir nehmen an
Geschenk
Handy
fasziniert
also

TEST 5: Fehler raus!

cellulare – farmi la corte – fine settimana – simpatica – bancario – il posto di lavoro

1. Abbiamo avuto modo di conoscere gente *caotica.*
2. Francesca ha parlato a lungo con il *medico.*
3. Ti lascio il numero del suo *fax.*
4. Britta non vuole perdere *la pazienza.*
5. Il prossimo *mese* Francesca compie gli anni.
6. Claudio comincia a *fare il bagno.*

TEST 6: Wer übersetzt den Quatsch?

1. Das Handy ist sehr fasziniert von Francesca.
2. Der Vollkornkeks macht mir den Hof.
3. Morgen hat die Einkaufsliste Geburtstag.
4. Ich möchte einen gefüllten Bänker aus biologischem Anbau.
5. Was kann ich ihr schenken? Vielleicht kaufe ich ihr einen Ehemann.
6. Das gebratene Hähnchen hat nichts zu befürchten.

10 Champagne per tutti

È il compleanno di Francesca. Gli *ospiti* sono già arrivati: Giuseppe Bruni, il primario, con sua moglie Cinzia, Piero Martini, il bancario, Teresa Imbeni, una collega di Francesca, e Vito Esposito, un giovane *tirocinante* della casa editrice di Francesca. Tutti *stanno in piedi* nel salotto. Francesca e Claudio *danno il benvenuto* agli ospiti, Britta *va in giro* e offre dello champagne.

Gäste; *Praktikant*; *stehen*; *willkommen heißen*; *geht herum*

Giuseppe (G); Britta (B).

G: Guardi, signorina, mi dia un altro bicchiere di champagne ... il mio è già *vuoto* ...
B: Mi scusi ...
G: Ma non si deve scusare ... sono io che bevo come una *spugna*.

leer; *Schwamm*

Auf einen BLICK: Imperativ Sie-Form (Singular)

are-Verben	Endung **-i**	**ere-Verben**	Endung **-a**	**ire-Verben**	Endung **-a**
guard**i**!	schauen Sie!	prend**a**!	nehmen Sie!	sent**a**!	hören Sie!

Unregelmäßig in Capitolo 10:

dare	**dia**
venire	**venga**

B: Ecco un altro bicchiere di champagne!
G: Grazie, signorina .... ?
B: Britta.
G: Ah, Britta, allora Lei è la famosa ragazza alla pari! *Le va di fare due chiacchiere* con me?
B: No, *si figuri*, ma io devo ancora servire.
G: Va bene, allora, venga da me quando *ha finito*.
B: Ma, non so ...
G: Senta, signorina Britta, non si preoccupi! Claudio e Francesca sono sicuramente d'accordo.
B: Forse dopo ... *ora* non posso.

Ist es Ihnen Recht etwas zu plaudern; ich bitte Sie; fertig sind

jetzt

TEST 1: Seien Sie höflich!

1. Mi *porti* un bicchiere di champagne! (*portare*)
2. ____________ prima gli ospiti! (*servire*)
3. Ma non si ____________! (*preoccupare*)
4. ____________ da me, signorina! (*venire*)
5. ____________ questa bella ragazza! (*guardare*)
6. ____________ un altro bicchiere! (*prendere*)
7. ____________ con il primario! (*parlare*)

TEST 2: Quiz-Show

1. Vito Esposito è
- **a.** un bancario.
- **b.** un tirocinante.
- **c.** un primario.

2. Il primario beve
- **a.** come un tedesco.
- **b.** come un italiano.
- **c.** come una spugna.

3. Claudio e Francesca danno
- **a.** il benvenuto agli ospiti.
- **b.** un foglio agli ospiti.
- **c.** un uovo agli ospiti.

Britta (**B**) serve lo champagne a Vito (**V**), uno degli ospiti.

B:	Un bicchiere di champagne anche per Lei?	
V:	Sì, volentieri, grazie, signorina Britta.	
B:	Ah, conosce il mio nome?	
V:	Ma sì, Francesca parla *spesso* di Lei.	*oft*
B:	Allora Lei è un collega di Francesca?	
V:	Lavoriamo insieme, ma io non ho un lavoro *fisso* alla casa editrice, faccio solo un *tirocinio.*	*fest* *Praktikum*
B:	Interessante ...	
V:	È interessante sì ... ma perché non *si siede* qui con me? Prenda una *sedia* e facciamo due chiacchiere ...	*Sie setzen sich* *Stuhl*
B:	Volentieri ... *tra* cinque minuti?	*in*

TEST 3: Machen Sie Befehle draus

1. Britta serve lo champagne. — Britta, *serva* lo champagne!
2. Francesca parla di Vito. — ________________
3. Claudio prende una sedia. — ________________
4. Vito non si preoccupa. — ________________
5. Cinzia viene da me. — ________________
6. Britta dà un bicchiere a Piero. — ________________
7. Giuseppe offre lo champagne. — ________________

TEST 4: Füllen Sie die Lücken

in giro – benvenuto – in piedi – spugna – spesso – chiacchiere

1. Tutti stanno ________________ nel salotto.
2. Giuseppe beve come una ________________ .
3. Britta va ________________ e offre dello champagne.
4. Vito vuole fare due ________________ con Britta.
5. Francesca parla ________________ di Britta.
6. Claudio e Francesca danno il ________________ agli ospiti.

Claudio (**C**) e Giuseppe (**G**):

G: Hai visto? Il giovane collega di tua moglie *è più fortunato* di me. — *hat mehr Glück*

C: Perché?

G: Perché Britta ha trovato il tempo per parlare con lui e a me ha detto di no.

C: Eh, ha ragione lei ... cosa può volere una giovane ragazza come lei da un vecchio *bacucco* come te? — *Knacker*

G: Ma anche tu, caro Claudio, non sei più un *giovincello. Ad ogni modo* ti devo *dare ragione.* — *junger Mann; jedenfalls; Recht geben;*

C: *In che senso*? — *wie meinst du das?*

G: Britta è veramente una bella ragazza.

TEST 5: Das Gegenteil von ...

1.	finire	**a.**	pieno
2.	vecchio bacucco	**b.**	salato
3.	ricordarsi	**c.**	iniziare
4.	fortunato	**d.**	giovincello
5.	domandare	**e.**	rispondere
6.	vuoto	**f.**	dimenticare
7.	dolce	**g.**	sfortunato

TEST 6: Wer übersetzt diesen Blödsinn?

1. Geben Sie mir einen gefüllten Praktikanten!
2. Wir plaudern ein bisschen mit dem Schwamm.
3. Die Gäste sind schon leer.
4. Heute hat der glatzköpfige Champagner Geburtstag.
5. Kaufen Sie den alten Knacker im Supermarkt!
6. Die Füße gehen herum und bieten junge Männer an.

11 *A tavola*

C:	Cari amici, credo che sia il momento di *brindare alla salute* di Francesca!	*auf die Gesundheit trinken*
Tutti:	Ma sì! *Cantiamo*! Tanti *auguri* a te ... tanti auguri a te ...	*Singen wir!; Glückwünsche*
C:	E *credo* che io abbia anche il *dovere* di presentarvi Britta, la nostra ragazza alla pari.	*ich glaube; Pflicht*
Tutti:	Benvenuta a Milano, Britta!	
C:	Dopo la *parte ufficiale* possiamo *passare* alla parte *piacevole* ... il buffet è aperto!	*Teil; offiziell; übergehen; angenehm; Buffet*
Tutti:	Grazie, Claudio, grazie Francesca ... e buon appetito a tutti!	

Auf einen BLICK: Konjunktiv Präsens (*essere* + *avere*)

Credo che ...	(io)	**abbia**	... ich habe	(io)	**sia**	... ich bin
Ich glaube,	(tu)	**abbia**	... du hast	(tu)	**sia**	... du bist
dass ...	(lui / lei)	**abbia**	... er / sie hat	(lui / lei)	**sia**	... er / sie ist
	(Lei)	**abbia**	... Sie haben	(Lei)	**sia**	... Sie sind

Praktischerweise sind die erste, zweite und dritte Person Singular gleich. Um klarzustellen, von wem die Rede ist, benutzen Sie die Personalpronomen (**io, tu, lui, lei, Lei**).

Konjunktiv Präsens brauchen Sie, um subjektive Standpunkte zum Ausdruck zu bringen: Meinungen, Hoffnungen, Wünsche, Willensäußerungen, Zweifel. Zum Beispiel:

credo che ...	ich glaube, dass ...
penso che ...	ich denke, dass ...
spero che ...	ich hoffe, dass ...
temo che ...	ich fürchte, dass ...
voglio che ...	ich will, dass ...

Teresa (**T**) e Vito (**V**)

T:	Temo che Francesca non abbia tanta fame.	
V:	Perché?	
T:	Per l'*emozione.*	*Aufregung*
V:	Ma non è il primo compleanno in vita sua ...	
T:	No, certamente no, ma penso che sia *emozionata* per altri *motivi.*	*aufgeregt* *Gründe*
V:	E cioè?	
T:	Non hai visto che Britta piace agli *uomini*?	*Männer*
V:	Ma sì che l'ho visto! Piace anche a me!	
T:	E piace anche a Claudio, il marito di Francesca.	
V:	Ah ... comincio a capire.	

TEST 1: Füllen Sie die Lücken: *sia* oder *abbia*?

1. Credo che ________ il momento di brindare alla salute di Francesca.
2. Temo che Francesca non ________ tanta fame.
3. Credo che ________ il dovere di presentarvi Britta.
4. Penso che ________ il momento di aprire il buffet.
5. Credo che Lei ________ molto emozionata.
6. Voglio che ________ una bella festa.
7. Penso che Claudio ________ molta fame.
8. Spero che Vito non ________ emozionato.

TEST 2: Wie passen Fragen und Antworten zusammen?

1.	Hai visto che Britta piace agli uomini?	**a.**	Benvenuta a Milano, Britta!
2.	Credete che sia il momento di cantare?	**b.**	Certo, il buffet è aperto.
3.	Ci sono persone che ti interessano?	**c.**	Ma sì che l'ho visto!
4.	Vogliamo dare il benvenuto a Britta?	**d.**	Sì, cantiamo!
5.	Possiamo passare alla parte piacevole?	**e.**	Sì, c'è un ragazzo carino.

Claudio (**C**) e Britta (**B**):

C:	Britta, Le vorrei *fare una proposta* ...Ho notato che mia moglie, Francesca, *Le dà del tu ormai* e per questo Le chiedo se anch'io Le posso dare del tu ... spero che Lei sia d'accordo.	*Vorschlag machen* / *Sie duzt; mittlerweile*
B:	Ma certo, *senz'altro*!	*selbstverständlich*
C:	E anche tu, cara Britta, non mi devi *dare del dottore* ... sono Claudio.	*mit dem Doktortitel ansprechen*
B:	È molto gentile, dottor Galli, ma probabilmente sua moglie non sarà d'accordo ... e per questo Lei mi può dare del tu ed io *continuo* a darLe *del Lei.*	*fahre fort; siezen*
C:	Quante *complicazioni*!	*Komplikationen*

TEST 3: Richtig oder falsch?

		sì	no
1.	Britta dà del tu a Claudio.		
2.	Britta piace a Vito.		
3.	Tutti brindano alla salute di Francesca.		
4.	Claudio dà del dottore a Britta.		
5.	Claudio presenta Britta agli ospiti.		
6.	Francesca dà del Lei a Britta.		

TEST 4: Wird geduzt oder gesiezt?

		tu	Lei
1.	Signorina, mi dia un bicchiere di champagne!		
2.	Guarda, non mi devi dare del dottore.		
3.	Lei mi può dare del tu.		
4.	Spero che tu sia d'accordo.		
5.	Senta, Britta, non si preoccupi!		
6.	Ci sono persone che ti interessano?		
7.	Io contiuno a darLe del Lei.		

Britta (**B**) e Francesca (**F**):

F: E allora, Britta, ti diverti?
B: Sì, è veramente una bella festa.
F: E ci sono persone che ti *interessano*? — *interessieren*
B: Mmh ... sì ....
F: E allora?
B: Vito, il ragazzo che fa il tirocinio ... lo trovo molto carino e credo anche che sia una persona intelligente.
F: Ti interessa Vito???
B: Perché no?
F: No, no, no ... hai ragione ... Vito è un ragazzo in gamba. — *fit*

TEST 5: Welches Wort passt nicht in die Reihe?

1. festa – brindisi – buffet – tirocinio
2. bancario – primario – deficiente – dottore
3. in gamba – simpatico – calvo – gentile
4. champagne – latte – tè – caffè

TEST 6: So ein Quatsch! Übersetzen Sie!

1. Das Fest macht ein Praktikum im Verlag.
2. Ich fürchte, dass die Garage keinen großen Hunger hat.
3. Glaubst du, dass der alte Knacker ein junger Mann ist?
4. Warum duzt du den Briefkasten?
5. Denkst du, dass dein Handy schüchtern ist?
6. Trinken wir auf die Gesundheit der zwei Pommes frites.

12 Nach dem

12 Dopo la festa

Dal diario di Francesca:
La festa del mio compleanno è andata proprio bene! Ed io sono più che *sollevata*: sembra che a Britta non interessi mio marito, ma Vito! E non è una *cattiva scelta* perché Vito è un ragazzo carino ed intelligente. Spero che tra loro due *nasca* qualcosa. E spero anche che Claudio *smetta* di fare la corte a Britta – è *ridicolo* per un uomo della sua *età*!
A volte Claudio mi sembra un *bambino*. Piero invece, il bancario, è molto diverso ... più *serio*, più maturo. E *nello stesso tempo* aperto, vivace. Un tipo che non mi dispiace ...

erleichtert
schlecht; Wahl
entsteht
aufhört
lächerlich; Alter
kleiner Junge
ernst(haft); gleichzeitig

Auf einen BLICK: Konjunktiv Präsens – regelmäßige Verben

-are		-ere		-ire	
che (io) parl**i**	dass ich spreche	che (io) smett**a**	dass ich aufhöre	che (io) sent**a**	dass ich höre
che (tu) parl**i**	dass du sprichst	che (tu) smett**a**	dass du aufhörst	che (tu) sent**a**	dass du hörst
che (lui/lei) parl**i**	dass er/sie spricht	che (lui/lei) smett**a**	dass er/sie aufhört	che (lui/lei) sent**a**	dass er/sie hört

Wenn Sie zu Capitolo 10 zurückblättern, werden Sie feststellen, dass die Formen des Konjunktiv Präsens (siehe Tabelle) denen der Siezform des Imperativs entsprechen. Einmal lernen reicht also.

Wenn Sie zu Capitolo 11 zurückblättern, erfahren Sie, wann und nach welchen Begriffen der Konjunktiv benutzt wird. Außerdem brauchen Sie den Konjunktiv nach:

sembra che ...	es scheint, dass ...
pare che ...	es scheint, dass ...
può darsi che ...	es kann sein, dass ...

Fest

Claudio (**C**) e Francesca (**F**):

F:	Che dici, Claudio, è stata proprio una bella festa!	
C:	*Ma insomma* ...	*na ja*
F:	Come insomma?	
C:	Alcune persone mi *danno ai nervi* ... Piero per esempio ... è uno *spaccone insopportabile*!	*gehen mir auf die Nerven; Angeber; unerträglich*
F:	Ma cosa dici? Non voglio che tu parli così di uno dei miei ospiti!	
C:	Eh, sì, uno dei tuoi *preziosi* ospiti ... con la *barca a vela*, con la Mercedes, con i *soldi* in banca ...	*kostbar; Segelboot Geld*
F:	*Può darsi* che senta una *certa gelosia* nelle tue *parole*?	*kann es sein; gewisse; Eifersucht; Worte;*
C:	*Macché*! Io geloso? Per niente ...	*Ach was!*

TEST 1: Nichts ist gewiss

1. A Britta interessa Vito. *Sembra che* a Britta interessi Vito.
2. Claudio smette di fare la corte a Britta. ________________ (*pare che*)
3. Sente una certa gelosia. ________________ (*credo che*)
4. Tra loro due nasce qualcosa. ________________ (*voglio che*)
5. Piero è uno spaccone insopportabile. ________________ (*temo che*)
6. Tu hai un certo interesse per Britta. ________________ (*penso che*)
7. Vito mi telefona. ________________ (*spero che*)
8. Claudio mi lascia finalmente in pace. ________________ (*pare che*)

TEST 2: Wie gehören die Teile zusammen?

1.	Spero che Claudio	**a.**	mi danno ai nervi.
2.	Il bancario Piero è	**b.**	è andata proprio bene.
3.	Alcune persone	**c.**	smetta di fare la corte a Britta.
4.	Può darsi che tu senta	**d.**	interessi mio marito.
5.	Sembra che a Britta non	**e.**	un tipo che non mi dispiace.
6.	La festa del mio compleanno	**f.**	una certa gelosia?

C:	Poi questo Vito! Come ha guardato Britta!	
F:	E come l'ha guardata?	
C:	L'ha *divorata* con gli occhi!	*verschlungen*
F:	Ha fatto bene ... credo che anche Vito *piaccia* a Britta.	*gefällt*
C:	Come? Un deficiente come lui con il codino alla Lagerfeld?	*Lagerfeld-Zöpfchen*
F:	Capisco ... sei geloso del tuo *concorrente* ...	*Konkurrent/Nebenbuhler*
C:	Ma quale concorrente?	
F:	*Non fare l'indiano* ... so che anche tu hai un certo interesse per Britta!	*stell dich nicht dumm*
C:	Come? Ma tu sei *matta*!	*verrückt*
F:	*Lasciamo perdere*. Non ho voglia di queste discussioni.	*lassen wir's sein*

TEST 3: Quiz-Show

1. Vito ha divorato
- **a.** gli spaghetti alla carbonara.
- **b.** le quaglie farcite.
- **c.** Britta con gli occhi.

2. Claudio
- **a.** è un indiano.
- **b.** ha un certo interesse per Britta.
- **c.** compra una barca a vela.

3. Francesca
- **a.** ha un codino alla Lagerfeld.
- **b.** fa la corte a Britta.
- **c.** è più che sollevata.

TEST 4: Fehler raus!

ai nervi – voglia – spaccone – interessi Britta – parli – bambino

1. Non ho *ragione* di queste discussioni.
2. Credo che a Vito *piaccia Francesca.*
3. A volte Claudio mi sembra un *mandarino.*
4. Piero è uno *studente* insopportabile.
5. Alcune persone mi danno *il benvenuto.*
6. Non voglio che tu *canti* così di uno dei miei ospiti.

Dal diario di Britta:
Sono stanca morta ma è comunque stata una bella serata. Tra gli ospiti c'era un collega di Francesca Galli, un certo Vito che fa un tirocinio alla casa editrice. *Pare* che sia una persona veramente interessante, e poi è *esattamente* il mio tipo: *capelli scuri*, occhi *chiari*. E sembra che anche lui abbia un certo interesse per me. Ad ogni modo mi ha *chiesto* il numero di cellulare. E spero tanto che mi telefoni ... Claudio invece mi lascia finalmente in pace. Sembra che abbia capito che non ci sono *speranze* per lui.

es scheint
genau; Haare; dunkel; hell
gefragt
Hoffnungen

TEST 5: Was passt zusammen?

1. occhi	**a.** vuoto
2. festa	**b.** gelose
3. spaccone	**c.** surgelate
4. consiglio	**d.** scuri
5. capelli	**e.** chiari
6. persone	**f.** prezioso
7. patatine	**g.** ridicoli
8. bicchiere	**h.** insopportabile
9. uomini	**i.** bella

TEST 6: Wer übersetzt den Quatsch?

1. Ich fürchte, dass Lagerfeld sich für ein gebratenes Hähnchen interessiert.
2. Ich will nicht, dass du so mit meiner Verdauung sprichst!
3. Dieser Schinken ist ein unerträglicher Angeber.
4. Der Mercedes ist mehr als erleichtert: Er hat keinen Motorschaden.
5. Es kann sein, dass ein Mann seines Alters völlig verkocht ist.
6. Ich glaube, dass der Praktikant Micky Maus einstellt.
7. Ich will, dass du mir eine Telefonrechnung kaufst!

13 Un invito

Mariangela (**M**) e Britta (**B**)

B: Allora, Mari, avete dormito bene dai nonni?

M: Più che bene ... prima abbiamo guardato la tv e poi la *nonna* ci ha letto la *fiaba* della *"Bella addormentata"*.

Oma; Märchen; Dornröschen

B: Che bello! Mi piacciono le fiabe.

M: Ma, insomma ... forse la "Bella addormentata" è la più noiosa di tutte.

B: Ma cosa dici? È bellissima! Soprattutto alla fine quando il *principe sveglia* la *principessa* con un *bacio*. È il momento più bello!

Prinz; weckt; Prinzessin; Kuss

M: Oh Britta, lascia perdere! ...DRINDRIN ... DRINDRIN ... Britta, telefono!

Auf einen BLICK: Die Steigerung

noioso	langweilig	bella	schön
più noioso	langweiliger	**più** bella	schöner
il più noioso	am langweiligsten; der / die / das Langweiligste	**la più** bella	am schönsten; der / die / das Schönste
noios**issimo** = molto noioso	stinklangweilig	bell**issima** = molto bella	superschön
più ... **di**	mehr als	più ... **che**	mehr als
Britta è **più** bella **di** Cinzia.	wenn ein Name oder ein Pronomen folgt	**più che** bene	wenn ein Adverb folgt
Il nonno è **più** noioso **della** nonna.	wenn ein Substantiv folgt	**più che** riuscita	wenn ein Adjektiv folgt

Britta (**B**) e Vito (**V**)

B:	Pronto?	
V:	Ciao Britta, sono Vito.	
B:	Ciao, Vito. Come stai?	
V:	Bene, grazie. *Volevo* ancora *ringraziarvi* per la bellissima serata. È stata una festa più che *riuscita.*	*ich wollte; bedanken* *gelungen*
B:	*Mi fa piacere,* Vito.	*es freut mich*
V:	E tu, Britta, cosa fai di bello?	
B:	Sono a casa con Mariangela. Deve finire i compiti e poi l' accompagno in *palestra.*	*Turnhalle*
V:	E quali *progetti* hai per stasera?	*Pläne*
B:	Niente ancora.	

TEST 1: Nicht zu toppen

1. la fiaba noiosa — la più noiosa di tutte
2. il mandarino dolce ______________
3. il proprietario gentile ______________
4. la donna felice ______________
5. il bancario simpatico ______________
6. l'uomo formale ______________
7. il bambino insopportabile ______________
8. la merenda dolce ______________
9. la donna deficiente ______________

TEST 2: Bringen Sie Ordnung rein

1. il latte – caldo – più – acqua – è – dell' Il latte è più caldo dell'acqua.
2. bella – ragazza – dell'altra – è – questa – più ______________
3. il giovincello – simpatico – più – è – bacucco – del – vecchio ______________
4. è – noiosa – fiaba – questa – dell'altra – più ______________
5. compiti – questi – difficili – sono – degli – più – altri ______________
6. la tv – interessante – della – più – è – palestra ______________
7. questo – più – carino – regalo – è – altro – dell' ______________

V: Posso invitarti *a cena*?	*zum Abendessen*
B: Perché no?	
V: Conosco un buon ristorante *toscano* ... il *proprietario* è gentilissimo e come cuoco forse uno dei più bravi.	*toskanisch; Besitzer*
B: Mmh, non suona male. E dove si trova?	
V: È un po' lontano da casa tua, ma *ti vengo a prendere* in macchina.	*ich hole dich ab*
B: *Ottimo*, a che ora?	*ausgezeichnet*
V: *Verso* le otto?	*gegen*
B: Va bene ... E come si chiama il ristorante?	
V: "La bella addormentata".	

TEST 3: Richtig oder falsch?

	sì	no
1. La nonna ha letto una fiaba.		
2. Britta dà un bacio a Mari.		
3. Vito deve andare in palestra.		
4. La festa è stata più che riuscita.		
5. Vito conosce un ristorante siciliano.		
6. Il cuoco è forse uno dei più bravi.		

TEST 4: Mehr als das!

1. La ragazza è bella? — **Più che bella!**
2. Il proprietario è bravo? ____________
3. Il ristorante è buono? ____________
4. La principessa è bella? ____________
5. La nonna è simpatica? ____________
6. Il ragazzo è intelligente? ____________
7. Il compito è difficile? ____________

Mariangela (**M**) e Britta (**B**):	
B: *Non ci credo* ... mi ha telefonato, mi ha telefonato, mi ha telefonato ...	*ich glaube es nicht*
M: Ma che hai Britta? Sei *impazzita*?	*verrückt geworden*
B: No, sono la donna più felice al *mondo*. E "La bella addormentata" è la più bella fiaba al mondo.	*Welt*
M: Ma *cosa c'entra*? Sei proprio impazzita?!	*was hat das damit zu tun?*
B: No, ma ho un appuntamento con Vito.	
M: Vito? Quale Vito?	
B: Poi ti spiego ... adesso devo decidere cosa *mettermi* stasera.	*anziehen*
M: E i miei compiti?	
B: Pazienza, tesoro!	

TEST 5: Finden Sie die richtigen Antworten

1. È stata una festa riuscita?	**a.** Niente ancora.
2. Quali progetti hai per stasera?	**b.** Più che bene!
3. Avete dormito bene dai nonni?	**c.** Più che bella. È bellissima!
4. Sei impazzita, Britta?	**d.** Verso le otto.
5. A che ora mi vieni a prendere?	**e.** Più che riuscita!
6. Posso invitarti a cena?	**f.** No, sono la donna più felice al mondo.
7. È bella questa fiaba?	**g.** Perché no?

TEST 6: Wer übersetzt den Quatsch?

1. Die Großmutter muss ihre Hausaufgaben fertig machen.
2. Dornröschen duzt den Besitzer des Restaurants.
3. Mir gefallen Märchen mit einer superschönen Turnhalle.
4. Die Prinzessin ist verkochter als die Pasta.
5. Dieses Wohnzimmer ist mehr als todmüde.
6. Wir plaudern mit dem glücklichsten Handy der Welt.

14 Komplika

14 Complicazioni

Francesca (**F**) e Vito (**V**) alla casa editrice.

F: E tu, caro Vito, cosa fai di bello stasera?
V: Vado a cena con una persona che conosci molto bene.
F: Che conosco molto bene?
V: Con Britta.
F: La nostra ragazza alla pari?
V: Sì, andiamo al mio ristorante preferito, "La bella addormentata", sai, il ristorante toscano.
F: E chi *rimane* a casa con le mie bambine? — *bleibt*
V: Ma, non so. Britta mi ha detto di essere *libera* stasera. — *frei*
F: Va bene, va bene ... allora *tocca a me*. — *ich bin dran*

Auf einen BLICK: Possessivpronomen

il **mio** ristorante	i **miei** ristoranti	la **mia** bambina	le **mie** bambine
il **tuo** ristorante	i **tuoi** ristoranti	la **tua** bambina	le **tue** bambine
il **suo** ristorante	i **suoi** ristoranti	la **sua** bambina	le **sue** bambine
il **nostro** ristorante	i **nostri** ristoranti	la **nostra** bambina	le **nostre** bambine
il **vostro** ristorante	i **vostri** ristoranti	la **vostra** bambina	le **vostre** bambine
il **loro** ristorante	i **loro** ristoranti	la **loro** bambina	le **loro** bambine

1. **il suo** ristorante = **sein** Restaurant **ihr** Restaurant **Ihr** Restaurant
   la sua bambina = **sein** Kind **ihr** Kind **Ihr** Kind
2. **mio** marito; **mia** nonna
   Verwandtschaftsbeziehungen im Singular werden ohne Artikel benutzt.
3. **loro** ist unveränderlich und steht immer mit Artikel.
4. **Unbestimmter Artikel + Possessivpronomen + Substantiv**

un suo amico	ein Freund von ihr/ihm
una mia amica	eine Freundin von mir
un vostro amico	ein Freund von euch

Francesca (**F**) con Britta (**B**) al telefono:

F: Ma cosa sento? Hai un appuntamento con Vito ...
B: Sì, gli ho detto che stasera sono libera.
F: Non c'è problema. Mi occuperò io delle *bimbe* ... ma dimmi, cosa ti metti? — *Mädchen*
B: Non so. Sono davanti all'*armadio*, ma i miei vestiti non mi piacciono. — *Schrank*
F: Allora, prendi uno dei miei. Ho un vestito molto carino, *nero* e molto sexy nella tua *misura.* Io purtroppo *sono* un po' *ingrassata.* — *schwarz; Größe; dicker geworden*
B: Ma non so ...
F: Ma sì, dai, ti metti il vestito nero e prendi anche la mia *stola di seta* ... Ciao, Britta, ci vediamo dopo, devo *mettere giù.* — *Seidenstola*; *auflegen*

TEST 1: Immer was zu meckern

1. Il mio vestito non mi piace. — I miei vestiti non mi piacciono.
2. La sua macchina non mi piace. ______________________
3. Il loro tirocinante non mi piace. ______________________
4. La loro bimba non mi piace. ______________________
5. Il suo disegno non mi piace. ______________________
6. La vostra cena non mi piace. ______________________
7. Il tuo ragazzo non mi piace. ______________________
8. Il tuo bacio non mi piace. ______________________
9. La tua principessa non mi piace. ______________________

TEST 2: Was gehört zusammen?

1. Sono davanti all'armadio
2. Vado a cena con una persona
3. Britta mi ha detto
4. Ti metti il vestito nero e prendi
5. Andiamo al
6. Io purtroppo sono

a. un po' ingrassata.
b. di essere libera stasera.
c. anche la mia stola di seta.
d. ma i miei vestiti non mi piacciono.
e. che conosci molto bene.
f. mio ristorante preferito.

Francesca (**F**) e Piero (**P**) al telefono:

P: Ciao, Francesca, sono Piero.
F: Piero, ma che bella sorpresa! Come stai?
P: Bene ... se vieni a cena con me.
F: A cena con te? Più che volentieri, ma sai, Piero, stasera non posso. Sono senza babysitter ...
P: E Britta?
F: Britta non c'è stasera.
P: E non puoi telefonare a nessun altro? Una sua amica ...
F: Impossibile ... a casa c'è anche mio marito e non gli posso *mica* dire: "Ciao, Claudio, vado a cena con Piero. Lascio le bimbe a te". — *wohl*
P: Che peccato! Allora, *sarà per un'altra volta* ... — *ein anderes Mal*

TEST 3: Einer von mir, einer von uns ...

1. È la tua amica? — **È una mia amica.**
2. È il vostro amico? ______
3. È il tuo vestito? ______
4. È la tua macchina? ______
5. È il vostro telefono? ______
6. È la tua babysitter? ______
7. È la vostra speranza? ______
8. È la tua gonna? ______
9. È il vostro medico? ______

TEST 4: Fehler raus!

mettere giù – tocca – che – piacciono – volta

1. Oggi io mi devo occupare delle bimbe: *guarda* a me.
2. Purtroppo non ho tempo oggi. Sarà per un'altra *stola.*
3. A casa c'è anche *il* mio marito.
4. I miei vestiti non mi *piace.*
5. Non ho più tempo per stare al telefono. Devo *prendere sopra.*
6. Vengo a cena con te più *di* volentieri.

	Francesca (**F**) arriva a casa. È di *pessimo umore.* Britta (**B**) sta *davanti* allo *specchio* e prova il vestito nero di Francesca:	*schlechtester Laune* *vor; Spiegel*
B:	Che bello, il Suo vestito, mi sta proprio bene.	
F:	Ma, insomma ...	
B:	Non Le piace?	
F:	Forse è un po' troppo sexy ... perché non ti metti uno dei tuoi vestiti? Questi *pantaloni,* per esempio ...	*Hosen*
B:	Ma Lei mi ha detto di prendere un Suo vestito!	
F:	Però il vestito nero non ti sta bene ... ti do questa *gonna a pieghe* e una *camicetta* molto carina ...	*Faltenrock; Bluse*
B:	Come? Sembro mia nonna con questi vestiti!	
F:	Ma *che ne so*! Mettiti quello *che ti pare*!	*was weiß ich; was du willst*

TEST 5: Verteilen Sie die Klamotten

1.	la gonna di Francesca	la sua gonna
2.	le camicette di Cinzia	________
3.	i vestiti di Britta	________
4.	la stola della mamma	________
5.	le scarpe di Stella	________
6.	i pantaloni di Mariangela	________
7.	il pullover di Claudio	________
8.	lo slip di Giuseppe	________
9.	le cravatte di Piero	________

TEST 6: Wer übersetzt den Blödsinn?

1. Claudio zieht mein schwarzes Kleid an? Ich glaube es nicht.
2. Meine Prinzessinnen gefallen mir nicht. Ich nehme lieber deine.
3. Ich habe deine Großmutter gekauft, weil sie so sexy ist.
4. Meine Hosen haben keine Zeit. Sie haben schon eine Verabredung.
5. Warum ziehst du nicht unser gebratenes Hähnchen an?
6. Meine Lieblingskrawatte hat ein bisschen zugenommen.

15 Die neuesten

15 Le ultime notizie

Carissima Maria,
devo raccontarti le ultime *notizie.* Ho conosciuto un ragazzo simpaticissimo. Si chiama Vito. Vito Esposito. Ci siamo visti per la prima volta a casa dei Galli, quando Francesca ha *festeggiato il* suo compleanno. E guarda, ci siamo capiti *al volo.* Lui è praticamente un collega di Francesca perché fa un tirocinio nella sua casa editrice. Ieri mi ha telefonato per invitarmi a cena. Che emozione! E naturalmente mi sono domandata: cosa mi metto? Ho passato tre ore davanti all'armadio, *indecisa,* e poi mi sono messa un paio di jeans, semplici ma sexy con una *maglietta* nera *aderente.*

Neuigkeiten
gefeiert
im Nu
unentschlossen
T-Shirt; eng anliegend

Auf einen BLICK: Reflexive Verben + Partizip Perfekt

mettersi (m)	sich (etwas) anziehen	mettersi (f)
mi sono messo ...	ich habe mir angezogen ...	mi sono messa ...
ti sei messo ...	du hast dir angezogen ...	ti sei messa ...
si è messo ...	er/sie hat sich angezogen ...	si è messa ...
	Sie haben sich angezogen ...	
ci siamo messi ...	wir haben uns angezogen ...	ci siamo messe ...
vi siete messi ...	ihr habt euch angezogen ...	vi siete messe ...
si sono messi ...	sie haben sich angezogen ...	si sono messe ...

Reflexive Verben bilden das Perfekt immer mit *essere.* Das Partizip Perfekt verändert sich wie gehabt nach den Kriterien: männlich, weiblich, Einzahl, Mehrzahl.

Nachrichten

Vito mi ha portata in un ristorante, "La bella addormentata", dove fanno specialità toscane – *squisite: le pappardelle,* il *vin santo* con i *cantuccini,* mmh! Il tempo è *volato* e mi sono trovata più che bene con lui. Sai, lui è un ragazzo *colto* ed intelligente, e nello stesso tempo aperto e vivace. Mi piace proprio! Verso *mezzanotte* mi ha accompagnata a casa, ci siamo *salutati,* ma non i siamo ancora *baciati.* Vito mi ha solo dato un bacio sulla *guancia.*
Cara Maria, cosa ti devo dire? Stamattina ho trovato un *sms* di Vito sul cellulare ... mi vuole rivedere presto!

ausgezeichnet; Bandnudeln; Dessertwein, Mandelgebäck; verflogen; gebildet
Mitternacht
verabschiedet
geküsst
Wange
SMS

TEST 1: Wer hat was angezogen?

1. Maria – una gonna a pieghe Maria *si è messa* una gonna a pieghe.
2. Claudio – i pantaloni neri __________
3. Francesca – una maglietta aderente __________
4. Britta – un vestito sexy __________
5. Britta e Maria – le scarpe nuove __________
6. Vito – il pullover di Britta __________
7. Piero – lo slip rosso __________
8. Francesca – la stola di seta __________

TEST 2: Welches Wort passt nicht in die Reihe?

1. pancetta – pantaloni – pappardelle – patatine
2. cellulare – sms – cantuccini – telefono
3. letteratura – fiaba – storia – guancia
4. botte – sedia – specchio – armadio
5. aderente – emozionato – aggressivo – timido

Carissima Britta,	
che bella notizia! Devi *assolutamente mandarmi* una foto di Vito!	*unbedingt; mir schicken*
Senti, ma la storia con Claudio? Com'è *andata a finire*?	*ausgegangen*
E Francesca? È ancora gelosa di te? Raccontami come si è *sviluppata* tutta la *faccenda*.	*entwickelt; Sache*
Ma anch'io ho una bella notizia per te: sarò a Milano dal 2 al 5 dicembre ... ho un *impegno* come hostess alla *fiera*.	*Neuigkeit* *Beschäftigung; Messe*
Così ci rivediamo finalmente ed io posso conoscere tutta la famiglia Galli.	
Intanto ti saluto. A presto, tua Maria	*derweil*

TEST 3: Wie heißt's in der Vergangenheit?

1. Vito e Britta si vedono per la prima volta. **Vito e Britta *si sono visti* per la prima volta.**
2. Francesca si mette una maglietta sexy. ____________
3. Come si sviluppa questa faccenda? ____________
4. Ci capiamo al volo. ____________
5. I bambini si lavano i denti. ____________
6. Britta e Maria si rivedono alla fiera. ____________
7. Britta si occupa di Mari e Stella. ____________
8. Claudio e Piero si vedono alla festa. ____________
9. Francesca e Britta si incontrano al supermercato. ____________

TEST 4: Drücken Sie's anders aus

telefonato – al volo – raccontami – impegno – taglia – matta

1. Ci siamo capiti *subito.*
2. Ho un *lavoro* come hostess alla fiera.
3. *Dimmi* come si è sviluppata la faccenda.
4. Credo che Francesca sia *pazza.*
5. Vito mi ha *chiamato* due giorni dopo.
6. Il vestito è troppo piccolo. Non è la mia *misura.*

Maria, carissima,
non vedo l'ora di rivederti! Così ti farò conoscere *tutti quanti*, che bello! Ma ora vorrei rispondere subito alle tue domande. Mi chiedi di Claudio: Da quando ha capito che non ci sono speranze per lui, si è *ritirato*. Francesca invece è molto strana: *in un primo momento* sembra contenta che io abbia conosciuto Vito, è gentile con me, mi *mette a disposizione* i suoi vestiti ... e poi *all'improvviso cambia idea*, diventa aggressiva ... a volte credo che lei sia un po' pazza.
Francesca mi chiama, ti devo salutare. Ciao, tua
Britta

alle miteinander
zurückgezogen;
seltsam
zunächst
stellt zur Verfügung
plötzlich; sie ändert ihre Meinung

TEST 5: Richtig oder falsch?

	sì	no
1. Francesca è andata a cena con Vito.		
2. Claudio è diventato aggressivo.		
3. Maria ha un impegno alla fiera di Milano.		
4. Vito e Britta si sono baciati.		
5. Verso mezzanotte Vito è andato al bar.		
6. Britta ha dato un bacio a Claudio.		

TEST 6: So ein Quatsch!

1. Die Bandnudeln haben sich gefragt: Können wir uns küssen?
2. Der Dessertwein hat sich ein eng anliegendes T-Shirt angezogen.
3. Manchmal glaube ich, dass unser Schrank verrückt ist.
4. Das schwarze Kleid ist verflogen.
5. Warum haben sich die Mandelplätzchen nicht verabschiedet?
6. Ich habe drei Stunden vor dem unentschlossenen Spiegel verbracht.

16 Parliamo di Vito

Francesca (**F**) e Britta (**B**):

F:	E allora, Britta, ti sei *divertita*?	*amüsiert*
B:	Sì, siamo stati in un ristorante toscano ... non ho mangiato mai così bene in vita mia.	
F:	Ma, tu esageri ...	
B:	Non esagero, è stato semplicemente *fantastico.*	*phantastisch*
F:	È l'amore che ti fa parlare così.	
B:	L'amore? Perché l'amore?	
F:	Ma tu sei *innamorata* di Vito, o no?	*verliebt*
B:	Mmh, non so, non c'è stato niente ... *finora.*	*bis jetzt*
F:	Ma lui ti piace?	

Auf einen BLICK: Zweiteilige Verneinung

Non ho mangiato **mai** così bene. = Non ho **mai** mangiato così bene.	**non ... mai**	**nie(mals)**
Non c'è stato **niente.**	**non ... niente**	**nichts**
Non conosco **nessuno.**	**non ... nessuno**	**niemand**
Non posso **più** uscire.	**non ... più**	**nicht mehr**
Non ho **nemmeno** tempo.	**non ... nemmeno**	**nicht einmal**

B: Sì, è un ragazzo molto particolare ... non conosco nessuno come lui ...	
F: In che senso?	
B: Lui s'interessa di molte cose, è intelligente ... e nello stesso tempo è molto, ma molto carino.	
F: Questo è vero ... ah, *beata te*! Sei ancora giovane, senza famiglia, completamente libera ...	*du Glückliche*
B: Ma, anche Lei ha una vita abbastanza *indipendente*.	*unabhängig*
F: Indipendente? Io? *Un corno*! Per esempio non posso più *uscire* come mi pare perché *qualcuno* deve stare con le bambine ...	*Von wegen!* *ausgehen; jemand*

TEST 1: Behaupten Sie das Gegenteil!

1. Britta ha *sempre* ragione. Britta *non* ha *mai* ragione. (*mai*)
2. Stella mangia *molto.* __________ (*niente*)
3. Vito va *sempre* al ristorante. __________ (*più*)
4. Claudio conosce *tutti.* __________ (*nessuno*)
5. Francesca mangia *almeno* una quaglia. __________ (*nemmeno*)
6. Britta è *ancora* giovane. __________ (*più*)
7. Vito s'interessa di *molte cose.* __________ (*niente*)
8. Giuseppe ha *molti amici.* __________ (*nessuno*)
9. Vito mi accompagna *sempre* in macchina. __________ (*mai*)

TEST 2: Bringen Sie Ordnung rein!

1. Britta – conosce – lui – non – come – nessuno
   Britta non conosce nessuno come lui.
2. mangiato – bene – così – mai – non – ho
   ____
3. indipendente – Francesca – nemmeno – ha – non – una vita
   ____
4. più – non – sono – libera – completamente
   ____
5. capito – Claudio – niente – ha – non
   ____
6. uscire – posso – più – non – purtroppo
   ____

B: Ma, Francesca, *voleva* uscire ieri sera? — *Sie wollten*
F: Sì ... eh .... no ....
B: Al telefono non mi ha detto niente ...
F: Sì, sì, cara Britta, hai ragione, hai ragione ...
B: Comunque La ringrazio ancora, ho passato una bellissima serata.
F: Mi fa piacere. E sai, è stata una *decisione* giusta: Mari e Stella sono state più che contente ... perché spesso non ho nemmeno tempo per loro. — *Entscheidung*
B: Allora, Lei ha fatto un *favore* a me e anche alle bimbe ... — *Gefallen*
F: Sì, questo è vero ...

TEST 3: Finden Sie das Gegenteil!

1. uscire
2. tutti
3. donna sposata
4. deficiente
5. sempre
6. ottimo
7. fresco
8. emozionato

a. single
b. distanziato
c. surgelato
d. pessimo
e. nessuno
f. stare a casa
g. intelligente
h. mai

TEST 4: Fehler raus!

passato – i cantuccini – innamorata – contente – guancia – un favore

1. Mari e Stella sono state più che *farcite.*
2. La ringrazio ancora, ho *deciso* una bellissima serata.
3. Francesca crede che Britta sia *allacciato* di Vito.
4. Lei ha fatto *la corte* a me e anche alle bimbe.
5. Vito mi ha dato solo un bacio sulla *guasto.*
6. Abbiamo mangiato *le camicette* con il vin santo.

Francesca e Britta sono ancora nel corridoio quando il telefono *suona*. Francesca risponde: | *klingelt*

F: Pronto?
P: Ciao, Francesca, sono Piero ...
F: Ah ... eh ... oh ... eh ... signor Martini ...
P: Signor Martini? Perché così formale? ... Ah, ho capito, non sei sola, vero?
F: Sì.
P: Allora, ti *richiamo* al cellulare ... tra quindici minuti, va bene? | *ich rufe wieder an*
F: D'accordo.

TEST 5: Richtig oder falsch?

	sì	no
1. Britta e Francesca sono nel corridoio.		
2. Vito è stato molto formale.		
3. Francesca si è divertita al ristorante.		
4. Vito s'interessa di molte cose.		
5. Piero richiama tra quindici minuti.		
6. Claudio chiama Francesca al cellulare.		

TEST 6: Wer übersetzt den Blödsinn?

1. Ich habe niemals ein so ausgezeichnetes Handy gegessen.
2. Die Küsse rufen mich nicht einmal zurück.
3. Vito und ich sind glücklich: Wir haben ein wunderschönes Telefon verbracht.
4. Wie? Die Mädchen essen nicht einmal eine SMS?
5. Ich habe eine interessante Neuigkeit: Das T-Shirt ist in einen Slip verliebt.
6. Britta hat sich einen eng anliegenden Korridor angezogen.

17 Un appuntamento con Piero

Piero (**P**) chiama Francesca (**F**) al cellulare.

P:	Ciao, Francesca, scusa ... spero di non aver disturbato?	
F:	No, assolutamente, ma sai ... eh ... il cellulare è più *comodo*.	*bequem*
P:	Capisco, capisco ... senti, Francesca, ieri mi ha telefonato un carissimo amico. Lui ha due biglietti per un concerto di Eros Rambozzotti, ma purtroppo non potrà andarci perché è *malato*. Hai voglia di accompagnarmi al concerto?	*krank*
F:	Molto volentieri, Piero, quando sarà?	
P:	Venerdì sera.	
F:	Penso che venerdì avrò tempo ... devo *mettermi d'accordo* con Britta e poi ti farò sapere, va bene?	*mich absprechen*
P:	Benissimo. Aspetterò la tua *telefonata*.	*Telefonat*

Auf einen BLICK: Futur

aspettare	(er-)warten	**credere**	glauben	**uscire**	ausgehen
aspett**erò**	ich werde warten	cred**erò**	ich werde glauben	usc**irò**	ich werde ausgehen
aspett**erai**	du wirst warten	cred**erai**	du wirst glauben	usc**irai**	du wirst ausgehen
aspett**erà**	er/sie wird warten	cred**erà**	er/sie wird glauben	usc**irà**	er/sie wird ausgehen
aspett**eremo**	wir werden warten	cred**eremo**	wir werden glauben	usc**iremo**	wir werden ausgehen
aspett**erete**	ihr werdet warten	cred**erete**	ihr werdet glauben	usc**irete**	ihr werdet ausgehen
aspett**eranno**	sie werden warten	cred**eranno**	sie werden glauben	usc**iranno**	sie werden ausgehen

Verkürzte Formen:
avere (avrò) potere (potrò)

Unregelmäßig – *essere*:
sarò sarai sarà saremo sarete saranno

Carissima Maria, devo subito *comunicarti* una notizia molto interessante: venerdì Francesca Galli andrà a un concerto di Rambozzotti con Piero Martini. Martini è un bancario che ho conosciuto alla festa di compleanno di Francesca. Un tipo ridicolo che si *dà delle arie, uffa*! Ma credo che piaccia a Francesca: *per caso* ho sentito l'ultima telefonata. E lei che *odia* Eros Rambozzotti ha accettato di andare a un suo concerto. Incredibile! Proprio venerdì, quando Claudio farà il *turno di notte*! *Vuol dire* che io resterò a casa e lei si divertirà con quel tipo! Poi ti racconterò. Ti saluto, ciao, tua Britta

dir mitteilen

aufspielt; uff
zufällig; hasst

Nachtdienst; das heißt

TEST 1: Was geschieht nächste Woche?

1. Francesca Galli va al concerto. Francesca Galli *andrà* al concerto.
2. Eros e Claudio si divertono. ______
3. Ti racconto la fiaba della "Bella addormentata". ______
4. Francesca odia Eros Rambozzotti. ______
5. Non possiamo andare al concerto. ______
6. Venerdì non ho tempo. ______
7. Britta si diverte con Vito. ______
8. Non credete all'ultima notizia. ______

TEST 2: Richtig oder falsch?

	sì	no
1. Venerdì Claudio farà il turno di notte.		
2. Piero non potrà andare al concerto.		
3. Eros Rambozzotti odia il turno di notte.		
4. Piero si dà delle arie.		
5. Piero aspetterà la telefonata di Claudio.		

Francesca (**F**) e Claudio (**C**) che è *appena* tornato dal lavoro: — *gerade*

F: Allora, tesoro, che novità ci sono?
C: C'è soprattutto una novità ... non ci crederai ...
F: Allora?
C: Cinzia e Giuseppe *divorzieranno*. Cinzia ha un altro. — *lassen sich scheiden*
F: Ma no! Impossibile!
C: E invece è così ... ha conosciuto un bancario ...
F: UN BANCARIO??? ...
C: Strano, eh? Sarà il *fascino* dei soldi. Ma, sono cose che non ci *riguardano* ... vero? — *Faszination*, *betreffen*
F: No, no ... eh ... assolutamente.

TEST 3: Wie gehören die Satzteile zusammen?

1. Venerdì io resterò a casa,
2. Piero e Francesca si
3. Lei odia Eros Rambozzotti, ma
4. Devo mettermi d'accordo con
5. Hai voglia di
6. L'amico non potrà andare al concerto

a. accompagnarmi al concerto?
b. e lei si divertirà con quel tipo.
c. perché è malato.
d. ha accettato di andare al concerto.
e. Britta e poi ti farò sapere.
f. sono conosciuti alla festa.

TEST 4: Füllen Sie die Lücken!

riguardano – turno – richiamerò – ridicolo – fascino – per caso – arie

1. A Cinzia interessa un bancario? – Sarà il ____________ dei soldi.
2. Piero è un tipo ____________ che si dà delle ____________
3. Sai, i loro problemi sono cose che non ci ____________
4. Venerdì Claudio farà il ____________ di notte.
5. Sei tu, Piero? Ti ____________ tra quindici minuti.
6. ____________ ho sentito l'ultima telefonata.

Carissima Maria,
voglio *tenerti al corrente.* Oggi è venerdì e stasera Francesca uscirà con Piero. È stata in centro per fare *acquisti* e credo che abbia comprato quasi tutta la Rinascente[1]: vestiti, scarpe, calze ... di tutto. E sai cosa mi ha detto? "Stasera non ci sarò ... ho un appuntamento con una mia amica che non vedo da tanto tempo". Vedrai che le *crescerà* il naso. – Comunque non *mi annoio* qui a Milano. Non vedo l'ora che tu arrivi!
A presto, Britta

dich auf dem Laufenden halten
Einkäufe
es wird wachsen
ich langweile mich

TEST 5: Welche Präposition fehlt?

1. È in centro per fare acquisti. (*per/con/da*)
2. Spero _______ non aver disturbato. (*che/con/di*)
3. Sai, è un'amica che non vedo _______ tanto tempo. (*da/di/a*)
4. Cara Maria, voglio tenerti _______ corrente. (*nel/dal/al*)
5. Andiamo _______ ristorante toscano. (*del/alla/al*)
6. Claudio è appena tornato _______ lavoro. (*nel/con/dal*)
7. È un tipo che piace _______ Francesca. (*a/al/ai*)

TEST 6: So ein Quatsch!

1. Die Schuhe werden heute Abend mit Piero ins Konzert gehen.
2. Der Spiegel und die Prinzessin werden sich endlich scheiden lassen.
3. Ich muss die Bandnudeln unbedingt auf dem Laufenden halten.
4. Die Nase wird sich mit den sexy Strümpfen langweilen.
5. Wir werden zu Hause sein, weil wir Einkäufe machen werden.
6. Das Telefon muss sich mit dem Handy absprechen.

1 Ein großes Kaufhaus

18 Guardiamo la televisione

Venerdì, 28 novembre sera. Britta (**B**) è a casa con Mariangela (**M**) e Stella.

B: Allora, hai finito i compiti?
M: Sì, Britta, e adesso Stella ed io vogliamo guardare la *tivù*.
B: E che cosa volete vedere?
M: *"L'eredità"*, sai, il *quiz* con Amadeus.[1]
B: Ma non è una trasmissione per *adulti*?
M: Sì, ma è molto interessante, anche per i bambini.
B: Ma alle otto si mangia ... che ore sono adesso?
M: Sono le sette meno venti.

TV
„Das Erbe“; Quiz
Erwachsene

Auf einen BLICK: Uhrzeit und Datum

Uhrzeit: Feminin + Plural		**Datum: Maskulin + Singular**	
Sono **le** sette. – e cinque – e un quarto – e mezzo/a – e tre quarti	Es ist sieben. fünf nach Viertel nach halb und drei Viertel	È **il** sette.	Es ist der Siebte.
Sono le otto meno un quarto.	Es ist Viertel vor acht.		
fino **alle** sette **alle** otto	bis um sieben um acht	fino **al** sette **il** sette	bis zum Siebten am Siebten
dalle otto alle nove	von acht bis neun	**dal** 7 **all'** otto	vom Siebten bis zum Achten

I mesi: gennaio – febbraio – marzo – aprile – maggio – giugno – luglio – agosto – settembre – ottobre – novembre – dicembre

1 bekannter Quizmaster

M: Britta! È finita "L'eredità" ... sono le otto, non vuoi vedere il *telegiornale*?	*Tagesschau*
B: No, prima si mangia. E dopo io mi guardo "*Incantesimo*".	*„Verzauberung"*[1]
M: Ma no! Stella ed io vogliamo vedere il nostro *dvd*.	*DVD*
B: Mi dispiace, ma oggi c'è la trecentocinquantesima *puntata* e non la voglio perdere.	*Folge*
M: E noi?	
B: *Dopo mangiato* potete mettere il dvd, dalle otto e mezza alle nove.	*nach dem Essen*
M: Ma è solo mezz'ora.	
B: *Meglio di niente*, eh?	*besser als nichts*

TEST 1: Was gibt's in der Glotze?

1. C'è il telegiornale. (*acht bis halb neun*)
C'è il telegiornale dalle otto alle otto e mezzo/a.

2. C'è "Incantesimo". (*neun bis elf*)
____

3. C'è "L'eredità". (*zwanzig vor sieben bis acht*)
____

4. C'è una trasmissione. (*zehn bis halb zwölf*)
____

5. C'è una nuova puntata. (*sechs bis Viertel vor acht*)
____

6. C'è "Derrick". (*Viertel nach acht bis halb zehn*)
____

TEST 2: Wann kommt ihr zu Besuch?

1. Maria, 2 – 5 dicembre   Maria viene dal 2 al 5 dicembre.
2. la ragazza alla pari, 3 settembre – 15 febbraio ________________
3. il principe, 4 aprile – 5 maggio ________________
4. la mamma, 2 – 7 luglio ________________
5. il bancario, 6 – 14 ottobre ________________
6. Vito, 28 novembre – 13 dicembre ________________

1 eine Soap-Opera

M:	Ma il dvd l'abbiamo *noleggiato* solo fino al 29 novembre. Dobbiamo *riportarlo* domani.	*ausgeliehen* *zurückbringen*
B:	Mmh .... Quant'è lungo il vostro film?	
M:	Quasi un'ora e mezza.	
B:	Allora, vi faccio una proposta: io mi guardo la prima parte di "Incantesimo" sul *minischermo* in camera mia. Così voi potete vedere il vostro dvd. A proposito ... che film è?	*Minibildschirm*
M:	"Arielle, la *sirenetta*".	*Meerjungfrau*
B:	Bene, adesso si mangia.	

TEST 3: Quiz-Show

1. Mariangela ha
- **a.** riportato il dvd il 29 novembre.
- **b.** noleggiato il dvd fino al 29 novembre.
- **c.** comprato il dvd il 29 novembre.

2. Britta vuole vedere
- **a.** "Incantesimo".
- **b.** "Arielle, la sirenetta".
- **c.** "L'eredità".

3. Stella e Mariangela vogliono
- **a.** andare in palestra.
- **b.** mangiare il pollo.
- **c.** guardare la tivù.

TEST 4: Verabredungen

1. 28 novembre – Piero – concerto – vado
Il 28 novembre vado al concerto con Piero.

2. 3 dicembre – ristorante – vado – Maria

____

3. 7 – 9 agosto – in vacanza – nonni – andiamo

____

4. alle 9 – Francesca – casa editrice – va

____

5. 3 – 5 – io – palestra – sarò

____

6. 2 luglio – il mio compleanno – festeggio

____

Britta e le bambine vanno in cucina e mangiano un *piatto* di pasta. Britta (**B**) e Stella (**S**):	*Teller*
S: Mmh, buona la pasta!	
B: Sono *migliorata* in cucina?	*besser geworden*
S: Sì, molto.	
B: Allora potrò cucinare anche per la mia amica Maria, la prossima settimana.	
S: E chi è Maria?	
B: È una mia carissima amica che sarà a Milano dal 2 al 5 dicembre. Una sera cenerà con noi e farò la pasta ai *carciofi.*	*Artischocken*
S: Per me va bene. Io la mangio sempre volentieri.	

TEST 5: Welches Wort passt nicht in die Reihe?

1. cucinare – mangiare – cenare – migliorare
2. tivù – minischermo – carciofo – dvd
3. baciarsi – innamorarsi – accomodarsi – abbracciarsi
4. botte – pancetta – pappardelle – pasta
5. regalo – sedia – letto – tavolo
6. parlare – comunicare – raccontare – svegliare

TEST 6: Wer übersetzt den Quatsch?

1. Wir haben die Artischocken nur bis zum 9. Dezember ausgeliehen.
2. Die DVD hat um Viertel nach zehn einen Teller Pasta gegessen.
3. Die Hosen wollen um halb acht fernsehen.
4. Vom 3. bis zum 10. März koche ich nur Faltenröcke.
5. Arielle, die Meerjungfrau, will die Tagesschau sehen.
6. Um 9.00 Uhr gibt es eine interessante Sendung für die Zähne.

19 Marias Besuch

19 *Preparando la visita di Maria*

Britta (**B**) e Maria (**M**) al telefono:

M: Allora, Britta, ti comunico che arriverò il 2 alle 16.50 alla *stazione centrale* di Milano, *binario* 20. Mi verresti a prendere? — *Hauptbahnhof; Gleis*

B: Certo che ti vengo a prendere! E poi prendiamo un taxi per andare in un bar molto carino ...

M: È una bell'idea, Britta, ma prima vorrei portare i *bagagli* in *albergo* e dopo dovrei andare *brevemente* alla fiera per vedere lo *stand* ... — *Gepäck; Hotel; kurz; Stand*

B: Ma la sera sei libera?

M: A tua totale disposizione!

Auf einen BLICK: Konditional von *volere, dovere, potere*

volere	wollen	dovere	müssen/sollen	potere	können
vorr**ei**	ich möchte	dovr**ei**	ich müsste/ sollte	potr**ei**	ich könnte
vorr**esti**	du möchtest	dovr**esti**	du müsstest/ solltest	potr**esti**	du könntest
vorr**ebbe**	er / sie möchte	dovr**ebbe**	er / sie müsste/ sollte	potr**ebbe**	er / sie könnte
vorr**emmo**	wir möchten	dovr**emmo**	ihr müsstet/ solltet	potr**emmo**	wir könnten

venire: verr**ei**, verr**esti**, verr**ebbe** ...
fare: far**ei**, far**esti**, far**ebbe** ...
piacere: piacer**ei**, piacer**esti**, piacer**ebbe** ...

B: *Propongo* di andare *prima* a cena e dopo in un bel *locale* dove fanno ottimi cocktail, ti piacerebbe?	*ich schlage vor; zuerst; Lokal*
M: Certo, ma non devo *fare le ore piccole* perché il giorno dopo c'è la fiera. Ma sai, Britta, giovedì pomeriggio finisco alla fiera.	*es spät werden lassen*
B: E tu *riparti* quando?	*du reist ab*
M: Sabato pomeriggio.	
B: Che bello! Così abbiamo molto tempo a disposizione ... potremmo andare a vedere una *mostra*, *visitare un museo* ...	*Ausstellung; ein Museum besuchen;*
M: E vorrei assolutamente vedere il famoso *Cenacolo* di Leonardo da Vinci ...	*Abendmahl*

TEST 1: Sagen Sie's netter mit dem Konditional!

1. Devo ripartire sabato. — Dovrei ripartire sabato.
2. Vogliamo andare a vedere una mostra. ____________
3. Ti piace prendere un cocktail? ____________
4. Mi vieni a prendere? ____________
5. Devo andare brevemente alla fiera. ____________
6. Voglio portare i bagagli in albergo. ____________

TEST 2: Füllen Sie die Lücken!

totale – visitare – propongo – vorrei – piccole – carino

1. ____________ di andare prima a cena.
2. Non devo fare le ore ____________
3. Stasera sono a tua ____________ disposizione.
4. ____________ assolutamente vedere il Cenacolo.
5. Prendiamo un taxi per andare in un bar ____________
6. Potremmo andare a ____________ un museo.

B: ... e *fare* un po' di *shopping* ...	*shoppen gehen*
M: ... e *spettegolare* ... a proposito, c'è qualcosa di nuovo?	*klatschen*
B: Non so ... sembra tutto normale. Comunque Francesca *fa finta di niente,* ma pare che sia contenta.	*tut so, als wäre nichts*
M: E tu? E la tua storia con Vito?	
B: Stasera andiamo al cinema.	
M: A vedere cosa?	
B: Non ricordo il *titolo* ... è un film con Brad Pitt.	*Titel*
M: E dopo?	
B: Non lo so.	

TEST 3: Was kann man unternehmen?

Bringen Sie Ordnung rein!

1. potremmo – shopping – fare – di – un po'
2. cinema – andare – vorremmo – al
3. visitare – museo – vorrei – un
4. piacerebbe – mi – vedere – mostra – una
5. potresti – bar – carino – andare – in un – molto
6. vorresti – andare – un cocktail – a – prendere

TEST 4: Fehler raus!

Setzen Sie die korrekten Formen ein.

1. Francesca *faresti* finta di niente.
2. Maria *vorrei* assolutamente vedere il famoso Cenacolo di Leonardo.
3. Noi *potrebbe* prendere un taxi per andare in un bar molto carino.
4. Io non *dovrebbe* fare le ore piccole perché domani c'è la fiera.
5. Tu mi *verrebbe* a prendere?
6. Ti *piaceresti* andare al museo?

M: Ma lui abita da solo?
B: Lui abita insieme ad altri due ragazzi.
M: Allora, ti porterà probabilmente a casa sua.
B: Eh, non so ...
M: Ma, non vorresti?
B: Certo che vorrei ... e tu lo faresti?
M: Cosa?
B: Andare con lui a casa sua.
M: O Britta, non fare tante storie ...

TEST 5: Richtig oder falsch?

sì no

1. Vito abita insieme ad altri due ragazzi.
2. Britta e Maria fanno le ore piccole.
3. Maria riparte domenica pomeriggio.
4. Maria vorrebbe portare i bagagli in albergo.
5. Britta e Maria vogliono anche spettegolare.

TEST 6: Wer übersetzt diesen Blödsinn?

1. Der Hauptbahnhof möchte es nicht spät werden lassen.
2. Kämst du mein Pferdeschwänzchen abholen?
3. Mein Gepäck macht ausgezeichnete Cocktails.
4. Wir möchten den neuen Film von Leonardo da Vinci sehen.
5. Ich schlage vor, dass wir mit Gleis 20 zu Abend essen.

Francesca scrive nel suo diario:
Venerdì sono stata al concerto di Rambozzotti insieme a Piero. E devo dire che abbiamo passato una bellissima serata. Però, tutta la situazione *mi sta sullo stomaco*. Sono una donna *sposata*, ho un marito, due figlie. E tutta questa storia, tutte le *bugie*, solo per un altro uomo? Perché mi fa i complimenti, mi *ascolta*, mi *prende sul serio*? Ho *preso* davvero *una cotta* per Piero? Non credo. Ma cosa voglio da lui? Un'*avventura*? E Claudio?

liegt mir auf dem Magen; verheiratet

Lügen

zuhört; ernst nimmt; verknallt

Abenteuer

Auf einen BLICK: Tutto

tutta la situazione	die ganze Situation	tutte **le** bugie	die ganzen Lügen / all die Lügen
tutto il giorno	den ganzen Tag	tutti **i** vicoli	die ganzen Gässchen / all die Gässchen
		tutti **gli** angoli	die ganzen Ecken / all die Ecken

tutto = alles **tutti** = alle **tutti** e due = alle beide **tutti e tre** = alle drei ...

Non so cosa fare e per tutto il giorno non penso ad altro. *Finora* non è successo *quasi* niente. Ci siamo baciati solo una volta ... come due *ragazzini timidi.* Ma è chiaro perché non sappiamo tutti e due come questa storia andrà *avanti.* Se andrà avanti. Il *dubbio mi tormenta* ...
Ho fissato il prossimo appuntamento con Piero per il 3 dicembre. Dobbiamo parlare. Ma cosa gli devo dire? Che non ci dobbiamo più vedere? *Non so che pesci pigliare* ...

bis jetzt; fast
schüchterne Kinder
weiter
Zweifel; quält mich
ich weiß nicht, was ich tun soll

TEST 1: Einer oder alle?

1. Hai baciato il ragazzo? — Ho baciato tutti i ragazzi.
2. Hai visto il concerto di Rambozzotti? ______
3. Hai guardato la donna? ______
4. Hai mangiato la patatina? ______
5. Hai sentito la notizia? ______
6. Hai letto la fiaba? ______
7. Hai fissato l'appuntamento? ______

TEST 2: Kennen Sie die Redewendungen?

1. Mi sta sullo stomaco.
- **a.** Mi piace molto.
- **b.** Mi interessa.
- **c.** Mi tormenta.

2. Ho preso una cotta per questo ragazzo.
- **a.** Mi sono incontrata con questo ragazzo.
- **b.** Mi sono innamorata di questo ragazzo.
- **c.** Mi sono annoiata con questo ragazzo.

3. Non so che pesci pigliare.
- **a.** Non so cosa fare.
- **b.** Non so cosa cucinare.
- **c.** Non so dove fare la spesa.

Britta scrive nel suo diario:
Vito è davvero un tesoro. È molto *attento nei miei confronti,* molto dolce nelle sue *carezze* e, la cosa più bella: mi fa mille complimenti!
Ieri siamo stati al cinema e per tutta la serata lui mi ha *accarezzato* le *mani*, il *collo*... mi ha baciato *teneramente* sulla *bocca*. Naturalmente non ho visto molto del film. E poi la *tensione:* mi porterà a casa sua, non mi porterà casa sua ...

aufmerksam; mir gegenüber; Zärtlichkeiten

gestreichelt; Hände; zart; Hals; Mund

Spannung

TEST 3: Was gehört zusammen?

1. Tutta questa storia	**a.** al cinema.
2. Ho fissato il prossimo	**b.** passato una bellissima serata.
3. Vito è molto attento	**c.** mi sta sullo stomaco.
4. Non sappiamo tutti e due	**d.** appuntamento per il 3 dicembre.
5. Devo dire che abbiamo	**e.** nei miei confronti.
6. Ieri sera siamo stati	**f.** come questa storia andrà avanti.

TEST 4: Nicht nur einer ...

1. Siamo andati al cinema *tutti e tre.* (*alle drei*)
2. Hanno un problema ________________ (*alle beide*)
3. Guardano il film ________________ (*alle miteinander*)
4. Non sanno ________________ cosa fare. (*alle beide*)
5. Ho visto ________________ i concerti di Eros. (*alle fünf*)
6. Sono andati in centro ________________ (*alle vier*)

Per farla breve: non mi ha portato a casa sua. Abbiamo fatto invece una lunghissima *passeggiata*, lui mi ha fatto vedere tutti gli *angoli* e tutti i *vicoli sconosciuti* di Milano, sconosciuti per me, e alle tre di notte abbiamo *scoperto* ancora un bar aperto dove abbiamo bevuto una *cioccolata* calda. Poi Vito mi ha portata a casa in macchina e davanti al *portone* mi ha salutato con un bacio, ma con un bacio *mozzafiato* ...
Credo proprio di aver preso una bella cotta per Vito ...

um es kurz zu machen; Spaziergang; Ecken; Gässchen; unbekannt; entdeckt; Schokolade Haustor

atemberaubend

TEST 5: Auf Schmusekurs

1. carezze – Vito – molto – è – dolce – sue – nelle
2. ha – accarezzato – mi – ed – le mani – il collo
3. teneramente – sulla – mi – baciato – bocca – ha
4. un bacio – dato – mi – mozzafiato – ha
5. ci – baciati – siamo – dolcemente
6. dato – ha – un bacio – mi – guancia – sulla

TEST 6: Wer übersetzt den Quatsch?

1. Die Ausstellung hat mich zart auf die Wange geküsst.
2. Die Gässchen haben ein bisschen mit dem Haustor geplaudert.
3. Alle Ecken haben sich in Brad Pitt verliebt.
4. Er hat mich mit einem atemberaubenden Hähnchen verabschiedet.
5. Die ganze Frau ist aus biologischem Anbau.

21 Wie ist das

21 Che tempo fa?

Claudio (**C**) è in salotto e guarda la tivù. *Entra* Britta (**B**):	*kommt herein*
B: Ha visto per caso le *previsioni del tempo*? Sa, domani arriva la mia amica Maria da Roma.	*Wettervorhersage*
C: Farà freddo. Probabilmente arriverà anche la *neve.*	*Schnee*
B: Maria sarà contenta ... lei che è *abituata* al *sole*, al caldo ...	*gewöhnt; Sonne*
C: Ma basta *coprirsi* ... io sono piuttosto *preoccupato* per il traffico.	*sich (warm) anziehen; besorgt*
B: Ma Maria arriverà in treno.	
C: Quindi, non ci sono problemi per questo ...	

Auf einen Blick: Das Wetter

fa freddo	es ist kalt	**fa caldo**	es ist warm
piove; pioggia	es regnet; Regen	**sotto il sole**	in der Sonne
nevica; neve	es schneit; Schnee	**c'è il sole**	die Sonne scheint
c'è vento/tira vento	es ist windig		
fa brutto tempo/ il tempo è brutto	es ist schlechtes Wetter	**fa bel tempo/ il tempo è bello**	es ist schönes Wetter

C: E cosa viene a fare a Milano?	
B: Lavora come hostess alla fiera ...	
C: Ah, interessante ... e *oltre* alla fiera che progetti ha?	*außer*
B: Le voglio far vedere Milano: il *duomo*, il Teatro alla Scala ...	*Dom*
C: Portala nel *quartiere* di Brera ... è molto carino.	*Stadtviertel*
B: Ma, io *non sono molto pratica* ...	*ich kenne mich nicht aus;*
C: Posso *indicarti* alcuni posti ... spero che ci siano ancora. È da molto tempo che non vado *lì*.	*dir zeigen; dorthin*

TEST 1: Für jedes Wetter gerüstet

1. Fa bel tempo.	**a.** Allora basta mettersi una stola di seta.
2. Piove	**b.** Allora facciamo una passeggiata a piedi.
3. Fa freddo.	**c.** Allora prendiamo un ombrellone.
4. Nevica.	**d.** Allora andiamo a visitare una mostra.
5. Fa caldo.	**e.** Allora bisogna mettersi un pullover.
6. C'è il sole.	**f.** Allora dobbiamo assolutamente comprare gli sci.

TEST 2: Füllen Sie die Lücken!

neve – indicarti – previsioni – duomo – abituata – coprirsi – hostess

1. Hai visto per caso le ________________ del tempo?
2. Fa freddo. Probabilmente arriverà anche la ________________
3. Maria lavora come ________________ alla fiera.
4. Ti voglio far vedere Milano: il ________________, il teatro alla Scala.
5. La mia amica è ________________ al caldo, al sole.
6. Quando fa freddo basta ________________
7. Nel quartiere di Brera posso ________________ alcuni posti.

C: Comunque c'è un *ristorantino*, "El nost' Milan", dove fanno da mangiare bene e dove non si *spende* tanto. È un po' piccolo *dentro* ma naturalmente non potete stare *fuori* a dicembre. *D'estate* l'*oste* mette dei *tavolini* fuori ... ma è *tutt'altra cosa*, quando fa caldo, sotto il sole.
B: Ma va bene anche dentro ... basta trovare posto.
C: Per quanto tempo *si ferma* la tua amica?
B: Fino a sabato ... e *volevo* chiedere se può venire qui una sera.
C: Certo, per me non ci sono problemi.

kleines Restaurant
ausgibt; drin
draußen; im Sommer;
Wirt; Tischchen
etwas ganz anderes
bleibt
ich wollte

TEST 3: Richtig oder falsch?

	sì	no
1. Claudio conosce un ristorantino nel quartiere di Brera.		
2. D'estate l'oste mette un forno fuori.		
3. A "El nost' Milan" si spende molto.		
4. Britta ha visto le previsioni del tempo.		
5. Britta non è molto pratica del quartiere di Brera.		
6. Il ristorantino è piccolo dentro.		

TEST 4: Wie heißt das Gegenteil?

1. sole	**a.** credere
2. dentro	**b.** litigare
3. sapere	**c.** partire
4. brutto	**d.** pantaloni
5. fare pace	**e.** fuori
6. gonna	**f.** bello
7. fermarsi	**g.** pioggia

Venerdì pomeriggio. Britta vuole *andare a prendere* Maria alla stazione. Prima di andare via parla con Francesca al telefono:	*abholen*
B: Francesca, ho una domanda ... posso prendere la macchina? Sa, oggi arriva la mia amica Maria, e fa così *brutto* tempo ... *piove e tira vento*	*schlecht; es regnet; es geht Wind;*
F: Sì, la puoi prendere, ma ci sarà un traffico *micidiale* ... probabilmente è più comodo prendere i *mezzi pubblici*.	*wahnsinnig; öffentliche Verkehrsmittel*
B: Ha ragione ... anche perché c'è una fermata della *metropolitana* vicino all'albergo di Maria ...	*U-Bahn*
F: E allora!	

TEST 5: Welcher Begriff passt nicht in die Reihe?

1. piove – brutto tempo – nevica – c'è il sole
2. metropolitana – treno – macchina – tram
3. tivù – teatro – film – telegiornale
4. guidare – baciare – accarezzare – abbracciare
5. fiera – stand – carciofo – hostess

TEST6: Wer übersetzt den Quatsch?

1. Das Wetter ist so schlecht, dass der Wirt kleine Tische rausstellt.
2. Wir nehmen die U-Bahn, weil die Sonne scheint.
3. Der Dom ist im Sommer ein bisschen draußen.
4. Der Schnee verknallt sich in den Chefarzt.
5. Alle miteinander haben einen tiefgekühlten Tisch gekauft.

22 Im Hotel
22 In albergo

Britta è andata a prendere Maria alla stazione di Milano. Le due ragazze hanno preso la metropolitana per andare all'hotel "Manzoni". Maria è alla *reception.*	*Rezeption*
Portiere (**P**) e Maria (**M**):	*Portier*
P: Mi *compilerebbe* gentilmente questo *modulo*, signorina? A *stampatello*, per favore, nome e cognome, poi la residenza, il *cap* ...	*würden Sie ausfüllen; Formular; Druckschrift Postleitzahl*
M: Non basterebbe un mio *documento*? La *carta d'identità*?	*Ausweispapier; Personalausweis*
P: Prenderei volentieri solo la carta d'identità, ma non basta, serve anche il modulo ... sa, le *norme.*	*Vorschriften*

Auf einen Blick: Konditional (Singular)

-are		-ere		-ire	
aiut**erei**	ich würde helfen	prend**erei**	ich würde nehmen	offr**irei**	ich würde spendieren
aiut**eresti**	du würdest helfen	prend**eresti**	du würdest nehmen	offr**iresti**	du würdest spendieren
aiut**erebbe**	er/sie würde helfen; Sie würden helfen	prend**erebbe**	er/sie würde nehmen; Sie würden nehmen	offr**irebbe**	er/sie würde spendieren; Sie würden spendieren

essere: sarei – saresti – sarebbe

M:	Senta, Le posso chiedere un favore, *anzi*, due?	*vielmehr*
P:	Certo, signorina, dica *pure*.	*nur*
M:	Mi aiuterebbe a *collegarmi* in internet? Sarebbe possibile? Ho il *portatile*.	*mich anschließen* / *Laptop*
P:	Io personalmente non m'intendo, ma posso chiamare il *tecnico*.	*Techniker*
M:	Molto gentile, grazie. ... E *servirebbe* la colazione anche in camera?	*würden Sie servieren*
P:	È possibile, ma si paga un piccolo *supplemento*.	*Aufpreis*

TEST 1: Der höfliche Hotelgast

1. *Prende* un mio documento? — *Prenderebbe* un mio documento?
2. Mi *aiuta* a collegarmi in internet? ______
3. *Serve* la colazione anche in camera? ______
4. Mi *chiama* un taxi? ______
5. *È* possibile avere la tivù in camera? ______
6. Mi *porta* la valigia? ______
7. Mi *prenota* un posto al ristorante? ______

TEST 2: Was im Hotel alles möglich ist

1. È possibile ______ (*fernzusehen*)
2. È possibile ______ (*die Rezeption anzurufen*)
3. È possibile ______ (*im Zimmer zu frühstücken*)
4. È possibile ______ (*sich zu langweilen*)
5. È possibile ______ (*sich in den Portier zu verlieben*)
6. È possibile ______ (*den Techniker zu rufen*)

Britta (**B**) e Maria (**M**) prendono l'*ascensore* e vanno al secondo piano. — *Aufzug*

B: Mamma mia, ma tu sei proprio viziata!

M: Perché? Perché preferisco fare la colazione in camera? Guarda, è un *lusso gradevole* che non costa molto. ... A proposito di "costare": stasera mi offriresti la cena? Sono ancora senza soldi. Il mio *capo* mi paga solo domani. — *Luxus; angenehm* — *Chef*

B: Va bene, ma domani paghi tu, cara Maria ... *non è che guadagni* molto come ragazza alla pari. — *es ist ja nicht so, dass; ich verdienen würde*

TEST 3: Hoteltalk

gradevole – l'ascensore – offriresti – sarebbe – supplemento – stampatello

1. Stasera mi ________________ la cena, Britta?
2. Compilerei questo modulo a ________________
3. ________________ possibile collegarsi in internet?
4. Per la colazione in camera si paga un piccolo ________________
5. La colazione in camera è un lusso ________________
6. Per andare al terzo piano prenderei ________________

TEST 4: Geheime Wünsche

1. baciare Vito dolcemente — **Bacerei Vito dolcemente.**
2. mangiare sempre la nutella — ________________
3. comprare una Ferrari — ________________
4. prendere la colazione in camera — ________________
5. diventare un primario — ________________
6. uscire con una sirenetta — ________________
7. invitare il portiere a cena — ________________

M: Ma certo. Domani tocca a me ... e anche *dopodomani.*	*übermorgen*
B: Ottimo! Senti, Maria, potrei fare una telefonata da camera tua? Devo prenotare per stasera.	
M: Certo, hai il numero?	
B: Sí, zero due quattro sette cinque nove tre tre.	
M: E devi fare lo zero per avere la *linea.*	*Verbindung*
B: Ah, già! A che ora vorresti mangiare?	
M: Alle otto e mezza, va bene?	
B: D'accordo.	

TEST 5: Quiz-Show

1. Per avere la linea bisogna fare
- **a.** il nove.
- **b.** lo zero.
- **c.** il due.

2. Maria deve scrivere
- **a.** a Britta.
- **b.** alle otto e mezza.
- **c.** a stampatello.

3. Per la colazione in camera si paga
- **a.** un supplemento.
- **b.** un documento.
- **c.** un appuntamento.

TEST 6: Wer übersetzt diesen Blödsinn?

1. Würden Sie das Frühstück auch mit der Postleitzahl servieren?
2. Ich möchte den Portier für heute Abend reservieren.
3. Würden Sie meinen Laptop in Druckschrift ausfüllen?
4. Dornröschen würde den Aufzug nehmen.
5. Das Internet hat mich zart gestreichelt.
6. Würdest du mir freundlicherweise ein Hotel anbieten?

23 Im Restau

23 Al ristorante

Maria (**M**) e Britta (**B**):

M: Che *onore*! Mi porti al "vostro" ristorante, alla "Bella addormentata"!	*Ehre*
B: Eh sì, volevo farti vedere uno dei "nostri" posti. E poi si mangia anche molto bene qui. Potremmo prendere il *coniglio alla cacciatora* ... l'ho preso l'ultima volta con Vito.	*Kaninchen nach Jägerart*
M: Tu mangi la carne? Ma *qualche anno fa* non la mangiavi!	*vor ein paar Jahren*
B: Ma anche tu, cara Maria, non *fumavi* ... e adesso fumi!	*rauchtest*
M: Eh, purtroppo, è lo *stress*!	*Stress*

Auf einen BLICK: Imperfekt (einige Formen)

-are		-ere		-ire	
fum**avo**	ich rauchte	chied**evo**	ich fragte	offr**ivo**	ich bot an
fum**avi**	du rauchtest	chied**evi**	du fragtest	offr**ivi**	du botest an
fum**ava**	er/sie rauchte; Sie rauchten	chied**eva**	er/sie fragte; Sie fragten	offr**iva**	er/sie bot an; Sie boten an
fum**avano**	sie rauchten	chied**evano**	sie fragten	offr**ivano**	sie boten an

Das **Imperfekt** dient als Vergangenheitszeit zur Beschreibung von Rahmenhandlungen, Hintergrundinformationen, wiederholten Handlungen.

B: Alla fiera com'è andata oggi?	
M: Abbastanza bene ... ma sai, i *clienti* sono *cambiati: una volta* ti chiedevano gentilmente il *catalogo*, ringraziavano, io gli offrivo il caffè ... oggi invece prendono tutto senza chiedere e senza dire grazie. Mi sentivo un *robot* ... Ma parliamo d'altro: raccontami piuttosto della tua vita a Milano.	*Kunden; verändert; früher* *Katalog* *Roboter*
B: Non so dove cominciare: ci sono tante cose ... prima di tutto Vito, poi la storia di Francesca, le bambine ...	
M: Ecco il cameriere. *Ordiniamo* e poi mi racconti.	*wir bestellen*

TEST 1: Früher war alles besser

1. Una volta i clienti *ringraziavano*. (*ringraziare*)
2. Una volta Maria non ________________ (*fumare*)
3. Una volta tu mi ________________ (*prendere sul serio*)
4. Una volta io ________________ (*mangiare poco*)
5. Una volta ti ________________ (*occuparsi di letteratura*)
6. Una volta le bambine non________________ (*guardare la tv*)
7. Una volta Britta non ________________ (*mangiare la carne*)

TEST 2: Wie gehören die Satzteile zusammen?

1. Qualche anno fa tu	**a.** uno dei "nostri" posti.
2. Una volta i clienti	**b.** dobbiamo ordinare.
3. Oggi prendono tutto	**c.** non mangiavi la carne.
4. Volevo farti vedere	**d.** chiedevano gentilmente il catalogo.
5. Quando arriva il cameriere	**e.** senza chiedere e senza dire grazie.

C:	Da bere?	
B:	Una *bottiglia* di Chianti, per favore, e mezzo litro d'acqua minerale naturale.	*Flasche*
C:	E da mangiare? Avete già *scelto*?	*gewählt*
B:	Sì, *come primo* prendiamo le pappardelle *al ragù* e come secondo il coniglio alla cacciatora.	*als ersten Gang; mit Hackfleischsauce;*
C:	Come *contorno* ci sono le *patate al forno* o l'insalata mista.	*Beilage; Ofenkartoffeln*
B:	Prendiamo due insalate, Maria? Ti va? ... Allora due insalate miste, per favore.	

TEST 3: Wie sag ich's meinem Kellner?

1. Da bere?
- **a.** Gli spaghetti alla carbonara.
- **b.** Le pappardelle al ragù.
- **c.** Una bottiglia di Chianti.

2. Come primo?
- **a.** L'insalata mista.
- **b.** Il contorno.
- **c.** Le pappardelle al ragù.

3. Prendete un dolce?
- **a.** Sì, i cantuccini con il vin santo.
- **b.** Sì, un pollo arrosto.
- **c.** Sì, due carciofi, per favore.

TEST 4: Füllen Sie die Lücken!

da – all' – della – come – al – dentro

1. ___________ contorno ci sono le patate al forno.
2. Cosa volete ___________ bere?
3. Raccontami piuttosto ___________ tua vita a Milano.
4. Prendono l'ascensore e vanno ___________ secondo piano.
5. Il ristorante è un po' piccolo ___________
6. La fermata è vicino ___________ albergo di Maria.

M: Ma come parli bene l'italiano, Britta! Anche un anno fa lo parlavi già bene, ma devo dire che sei migliorata molto!

B: Grazie, Maria ... ma sai, da quando sono a Milano lo *pratico* tutti i giorni e adesso con Vito ancora di più.

ich praktiziere

M: Ma il tuo Vito, lo conoscerò?

B: Ma sì, volevo invitare te e Vito a cena venerdì sera. A casa nostra. Così conoscerai anche tutta la famiglia Galli.

M: Ottima idea ... mmh, arrivano le pappardelle ...

TEST 5: Zurück in die Gegenwart

1. Praticavo l'italiano. — *Pratico* l'italiano.
2. Britta voleva invitare Maria. ______
3. Conoscevi la famiglia Galli. ______
4. Mi sentivo un robot. ______
5. Tutti fumavano. ______
6. Maria offriva sempre il caffè. ______

TEST 6: Wer übersetzt den Quatsch?

1. Ich nehme den Portier und das Handy als ersten Gang.
2. Früher sahen die Kaninchen fern.
3. Die Vollkornkekse nahmen immer den Aufzug.
4. Ich möchte einen Techniker mit Hackfleischsauce essen.
5. Früher aß ich nur glatzköpfige Chefärzte.
6. Kann ich einen Personalausweis bestellen?

24 In Mailand

24 *In giro per Milano*

Britta (**B**) e Maria (**M**) hanno visitato la famosa Scala di Milano e sono poi andate al ristorante "El nost'Milan"nel quartiere di Brera. Maria legge da una *guida turistica:*	*Reiseführer*
M: "I *palchi* della Scala di Milano erano un *luogo* per ascoltare la musica, ma dove *si concludevano* anche *affari* e *si intrecciavano* avventure *amorose ...*"	*Logen; Ort man schloss ab; Geschäfte; man knüpfte an; Liebes ...*
B: A proposito di "avventure amorose" ... sai chi c'è?	
M: Dove?	
B: Qui al ristorante, *là in fondo*: Francesca ed il suo bancario...	*dort hinten*

Auf einen BLICK: Imperfekt von *essere*

ero	**ich war**
eri	**du warst**
era	**er/sie war; Sie waren**
eravamo	**wir waren**
eravate	**ihr wart**
erano	**sie waren**

Vorsicht bei der Betonung: *ero, eri, era* und *erano* werden auf der ersten Silbe betont, *eravamo* und *eravate* auf der dritten Silbe.

M: *Quello lì?* ... Ma lo conosco! Era alla fiera ...	*Der da?*
B: Come era alla fiera?	
M: Sì, ti *giuro*, era alla fiera in compagnia di una bella ragazza, *alta, bionda*, tipo Claudia Schiffer ...	*ich schwöre* / *groß; blond*
B: Sarà una sua collega ... della banca.	
M: Non credo ... si sono baciati.	
B: Ma che *porco*! E la povera Francesca?	*Schwein*
M: Perché povera? È una donna sposata ...	

TEST 1: Die Zeiten ändern sich

1. La Scala è un grande teatro. — La Scala *era* un grande teatro.
2. Britta e Maria sono al duomo. ____________
3. Io sono un giovincello. ____________
4. Il bancario è alla fiera. ____________
5. Sei in una situazione difficile. ____________
6. Le ragazze sono in giro per Milano. ____________

TEST 2: Richtig oder falsch?

	sì	no
1. Maria ha baciato Claudia Schiffer.		
2. Francesca è una donna sposata.		
3. Maria legge da una guida turistica.		
4. Piero era alla fiera.		
5. Maria e Britta hanno visto Claudio al ristorante.		
6. Nei palchi della Scala si concludevano anche affari.		

B: Forse hai ragione: un'altra ragazza potrebbe essere la *soluzione* del problema ... — *Lösung*

M: Ma secondo te ci hanno viste?

B: Non credo. Loro erano già qui quando noi siamo arrivate ... guarda, parlano e parlano ...

M: E Francesca *piange* ... — *weint*

B: Ahi ahi ahi, *poveretta* ... e noi due, dove eravamo *rimaste*? — *die Arme*; *stehen geblieben*

M: Alla Scala ... e adesso andiamo a visitare la *pinacoteca* ed il duomo ed il *castello* e ... — *Gemäldegalerie*; *Festung*

TEST 3: Bringen Sie die Satzteile in die richtige Reihenfolge!

1. i palchi – un luogo – erano – si intrecciavano – amorose – dove – avventure
2. visitare – andiamo – il duomo – adesso – a – ed – la pinacoteca
3. arrivate – siamo – erano – noi – quando – loro – qui – già
4. alla – compagnia – era – fiera – di – in – ragazza – una – bella
5. la soluzione – potrebbe – ragazza – del – essere – problema – un'altra

TEST 4: Füllen Sie die Lücken!

chiedevano – fumavi – erano – offrivo – leggeva – era

1. Una volta tu non ________________, ma adesso fumi!
2. Piero e Francesca ________________ già al ristorante quando noi siamo arrivate.
3. La Scala di Milano ________________ un luogo per ascoltare musica.
4. Maria ________________ da una guida turistica.
5. Una volta i clienti ________________ gentilmente il catalogo.
6. Alla fiera io gli ________________ sempre il caffè.

Francesca è ancora a "El nost' Milan". Piero è andato via. Francesca (**F**) parla al cellulare con la sua collega Teresa (**T**):

F:	Tra me e Piero *è finita*, Teresa ...	*es ist aus*
T:	Ma come? Eri così felice ...	
F:	Ma, non so ... avevo sempre la *coscienza sporca.*	*schlechtes Gewissen*
T:	E allora? Cosa ti aspettavi?	
F:	Non lo so, Teresa, probabilmente sono solo gelosa perché lui ha un'altra ...più bella, più giovane ... sono *triste.*	*traurig*

TEST 5: Lassen Sie kein gutes Haar an Ihrer Rivalin!

insopportabile – deficiente – sconosciuta – vecchia – brutta – noiosa – matta

1. È bella? – No, è *brutta*!
2. È simpatica? ____________
3. È interessante? ____________
4. È famosa? ____________
5. È spiritosa? ____________
6. È normale? ____________
7. È giovane? ____________

TEST 6: So ein Quatsch!

1. Du warst ein Ort, an dem man Geschäfte abschloss.
2. Früher war die Gemäldegalerie so glücklich!
3. Das schlechte Gewissen hatte ein Aupairmädchen.
4. Der Bänker hatte eine andere Messe: jünger, blonder, größer!
5. Ich schwöre (es) dir: Wir waren in Begleitung eines Faltenrocks!

25 Abendessen
25 Una cena a casa dei Galli

Dopo la *visita* in centro Britta (**B**) e Maria (**M**) si salutano davanti all'albergo: — *Besichtigung*

B: Allora, Maria, ci vediamo domani sera a casa nostra?

M: Ma certo, mi devi solo spiegare *dettagliatamente* dov'è. — *detailliert*

B: Non è difficile: dall'albergo prendi la metropolitana, scendi alla *quinta* fermata, vai *su per le scale*, *attraversi* piazzetta Rienzi, vai *diritto* per via Goldoni e la seconda a destra è via Gozzi. Noi abitiamo al numero 25. — *fünfte; Treppe hoch; überqueren; geradeaus;*

M: Aspetta, aspetta, devo *prendere gli appunti* ... se no *sbaglierò* clamorosamente *strada* ... — *Notizen machen; ich werde mich verlaufen*

Auf einen BLICK: Adverbien

Adjektiv	Adverb	Beispiel	
dettagliato	dettagliatamente	spiegare dettagliatamente	detailliert erklären
finale	finalmente	arrivare finalmente	endlich ankommen
veloce	velocemente	imparare velocemente	schnell lernen

Adverbien beschreiben, wie der Name schon sagt, Verben, Tätigkeiten.

- Adjektive auf **-o** nehmen die weibliche Endung an, wenn sie zu Adverbien werden: dettagliat**o** dettagliat**a**mente
- Adjektive, die auf **-le** enden, verlieren das **e**, wenn sie zu Adverbien werden: final**e** finalmente

Unregelmäßige Adverbien:

buono (Adjektiv) bene (Adverb)
cattivo (Adjektiv) male (Adverb)

bei Gallis

Claudio (**C**) apre la porta:

C: Buona sera, Maria, benvenuta a Milano! Finalmente La conosco. Si accomodi, prego!
M: Grazie, molto gentile ... e Britta è in camera sua?
C: No, Britta è in cucina ... prepara una cena speciale solo per Lei! A Milano ha imparato velocemente come si cucina. E, signorina Maria, tra poco conoscerà anche mia moglie e le mie figlie.
M: Mi fa piacere. Britta mi ha parlato molto della "sua" famiglia ... *Le dispiace* se vado un attimo in cucina?
C: No, ma assolutamente! Si figuri!

macht es Ihnen etwas aus

TEST 1: Wie heißt das Adverb?

1. Britta ha imparato __________ come si cucina. (*veloce*)
   Britta ha imparato *velocemente* come si cucina.
2. Mi devi spiegare __________ come arrivo a casa tua. (*dettagliato*)
3. Mamma mia! Sbaglierò __________ strada. (*clamoroso*)
4. Benvenuta a Milano, Maria! __________ La conosco! (*finale*)
5. Ma come parli __________ l'italiano, Britta! (*buono*)
6. __________ prendo la metropolitana. (*normale*)
7. Ho spiegato __________ a Britta come si fa la pasta. (*breve*)

TEST 2: Beschreiben Sie den Weg zu Britta!

Bringen Sie die einzelnen Elemente in die richtige Reihenfolge.

1. scendi alla quinta fermata
2. noi abitiamo al numero 25
3. vai su per le scale
4. dall'albergo prendi la metropolitana
5. vai diritto per via Goldoni
6. attraversi piazzetta Rienzi
7. la seconda a destra è la via Gozzi

M: Ciao Britta, cara.	
B: Ciao Maria ... ma cos'hai? Sei tutta *pallida*! Non stai bene?	*blass*
M: *Sinceramente* non tanto. Forse non ho *digerito* i *peperoni* che abbiamo mangiato a "El Nost' Milan". Ho *mal di pancia.* Ma tu non hai problemi?	*ehrlich gesagt; vertragen; Paprika; Bauchweh*
B: No, assolutamente ... l'*altro ieri* avevo *mal di testa* perché ho bevuto troppo a "La bella addormentata" ... Ma ora come facciamo? Ho preparato un *antipasto*, un primo, un secondo, un dolce ...	*vorgestern; Kopfweh* *Vorspeise*
M: O Britta, mi dispiace, ma temo di non poter mangiare tanto.	

TEST 3: Wie gehören die Satzteile zusammen?

1.	L'altro ieri avevo mal di testa	**a.**	conoscerà anche mia moglie.
2.	Forse non ho digerito i peperoni	**b.**	Britta e Maria si salutano davanti all'hotel.
3.	Devo prendere gli appunti, se no	**c.**	che abbiamo mangiato a "El nost' Milan".
4.	Signorina Maria, tra poco	**d.**	sbaglierò clamorosamente strada.
5.	Dopo la visita del centro	**e.**	perché ho bevuto troppo.

TEST 4: Fehler raus!

cena – bene – male – primo – totalmente – digerito

1. Maria non ha digerito *buono* i peperoni.
2. Gli spaghetti sono *totale* scotti.
3. Forse non ho *disegno* i peperoni.
4. Ho preparato un *primario* e un secondo.
5. Britta prepara una *colazione* speciale solo per Maria.
6. Abbiamo mangiato molto *cattivo* al ristorante.

Nel frattempo sono arrivate anche Francesca, Mari e Stella. Manca solo Vito. Britta mette gli antipasti in tavola e prega tutti di sedersi. Stella (**S**) si siede vicino a Maria (**M**).

S: E tu, di dove sei?
M: Sono di Roma.
S: Hai il *fidanzato*? — *fester Freund*
M: No, ancora no.
S: E perché mangi così poco?
M: Perché non ho molta fame ... scusatemi!

Maria *si alza* e va in bagno. Britta e Claudio la *seguono* ... — *steht auf* / *sie folgen*

TEST 5: Richtig oder falsch?

	sì	no
1. Il fidanzato di Maria è di Roma.		
2. Maria teme di non poter mangiare tanto.		
3. Britta prega tutti di sedersi.		
4. Stella mette gli antipasti in tavola.		
5. Maria si alza e va in bagno.		
6. Claudio ha mal di pancia.		

TEST 6: Wer übersetzt den Blödsinn?

1. Vielleicht haben wir deine Ehefrau nicht vertragen.
2. Die U-Bahn hat Bauchweh.
3. Der Küche geht es, ehrlich gesagt, nicht so gut.
4. Die Vorspeisen stehen auf und gehen ins Bad.
5. Die Paprika steigen an der fünften Haltestelle aus.

26 Maria geht

26 *Maria sta male*

	Claudio (**C**) e Maria (**M**) sono in bagno. Maria *sta vomitando.* Claudio e Britta la stanno guardando.	*übergibt sich*
C:	Maria, ma cosa c'è? Ha mangiato qualcosa che era *andato a male*?	*verdorben*
M:	Non so, ma non credo ... ho mangiato dei peperoni che forse non ho digerito.	
C:	Impossibile ... i peperoni possono *al limite provocare* la *pirosi*, ma vedo che Lei sta proprio male.	*höchstens; hervorrufen; Sodbrennen*
M:	*Mi vergogno* tanto ...	*ich schäme mich*
C:	Ma cosa sta dicendo? Non è mica *colpa* Sua ... e poi io sono un medico ...	*Schuld*

Auf einen BLICK: Verlaufsform (*stare* + Gerundium)

Sto		Ich	schaue / mache / sage gerade.
Stai	guard**ando.**	Du	schaust / machst / sagst gerade.
Sta	fac**endo.**	Er / Sie	schaut / macht / sagt gerade.
Stiamo	dic**endo.**	Wir	schauen / machen / sagen gerade.
State		Ihr	schaut / macht / sagt gerade.
Stanno		Sie	schauen / machen / sagen gerade.

- Das Gerundium verändert sich nicht. Es endet immer auf **-o.**
- Die Endungen **-ando/-endo** werden an den Wortstamm angehängt.
- *dire, fare* und *bere* haben erweiterte Wortstämme:

dire dicendo
fare facendo
bere bevendo

es schlecht

26

Suona il campanello. Francesca (**F**) va ad aprire la porta. È Vito (**V**). — *es klingelt*

V: Scusate il ritardo, ma c'era un traffico micidiale ...
F: Non ti preoccupare ... non abbiamo ancora iniziato.
V: Non avete ancora iniziato? Ma cosa state facendo?
F: Claudio e Britta stanno *assistendo* Maria, sai, l'amica di Britta. — *stehen zur Seite*
V: E perché la devono assistere?
F: Perché sta male. È in bagno da mezz'ora e vomita.
V: *Poveretta* ... — *die Arme*

TEST 1: Was machen die Personen gerade?

1. Maria vomita. — Maria sta vomitando.
2. Britta parla con Vito. ______
3. Claudio e Britta assistono Maria. ______
4. Claudio fa la corte a Maria. ______
5. Tu, cosa fai? ______
6. E voi due? Cosa dite? ______
7. Io guardo la poveretta. ______

TEST 2: Konsequenzen

1. Sono in ritardo
2. Francesca è triste
3. Suona il campanello e
4. Britta è in cucina
5. Maria va in bagno
6. Ti devi coprire

a. perché prepara una cena speciale.
b. perché fa freddo.
c. Francesca va ad aprire la porta.
d. perché c'era un traffico micidiale.
e. perché Piero ha un'altra.
f. perché sta male.

Claudio (**C**) sta ancora parlando con Maria (**M**).

C: Credo piuttosto che sia un virus. Anche in *ospedale* abbiamo alcuni *pazienti* con gli stessi *sintomi*. Le prescriverò delle *gocce* e delle *pastiglie*. E poi manderemo qualcuno della mia famiglia in *farmacia* ...
M: È molto gentile, signor Galli, grazie di tutto ... adesso sto già meglio.
C: E adesso Le prepariamo il *divano* e Lei *si stende* e si riposa.
M: Ma non vorrei *disturbare* ...
C: *Non* disturba *affatto* ... Lei resta qui.

Krankenhaus
Patienten; Symptome; Tropfen; Tabletten; Apotheke

Sofa; Sie legen sich hin
stören
überhaupt nicht

TEST 3: Spielen Sie Doktor!

Geben Sie Ihrem Patienten Ratschläge.

Patient:

1. Ho mal di testa perché ho bevuto troppo.
2. Probabilmente vomito perché non ho digerito i peperoni.
3. Ho vomitato. Credo di avere un virus.
4. Sono ingrassata e sono sempre stanca.
5. Sono sempre triste. Forse ho una depressione.

Arzt:

a. Dovrebbe andare in palestra e stare a dieta.
b. Le consiglio di andare da uno psicologo.
c. Allora le prescrivo delle gocce e delle pastiglie.
d. Allora prenda un'aspirina e si stenda sul divano.
e. Non credo, i peperoni possono al limite provocare la pirosi.

TEST 4: Welches Wort passt nicht in die Reihe?

1. ospedale – pazienti – sintomi – affare
2. telefonata – lettera – camicetta – e-mail
3. porta – tavolo – specchio – divano
4. patata – pancetta – palestra – pappardella

Britta (**B**) e Vito (**V**):	
B: O Vito, come mi dispiace ... non è la serata come l'avevo *immaginata.*	*vorgestellt*
V: Pazienza, non è mica colpa tua. E sai cosa facciamo? Adesso andiamo in farmacia, prendiamo le medicine per Maria, e poi l'accompagniamo in albergo.	
B: E la cena? Posso *buttare via* tutto.	*wegwerfen*
V: Ma cosa stai dicendo? Una parte, la possono mangiare i Galli, e l'altra parte la mangeremo noi dopo ... a mezzanotte ... solo noi due ... *a lume di candela ...*	*bei Kerzenlicht*
V: Ma come sei *romantico* Vito ... sai che *ti voglio* proprio *bene*?	*romantisch; ich habe dich lieb*

TEST 5: Füllen Sie die Lücken!

farmacia – andato a male – stanno – a lume di candela – immaginata

1. Mangeremo a mezzanotte, solo noi due, ________
2. Andiamo in ________ e prendiamo le medicine per Maria.
3. Purtroppo non è la serata come l'avevo ________
4. Britta e Claudio ________ assistendo Maria.
5. Forse hai mangiato qualcosa che era ________

TEST 6: So ein Quatsch!

1. Wie romantisch du bist, Vito! Du übergibst dich bei Kerzenlicht.
2. Ich werde Ihnen ein Sofa und zwei Pommes frites verschreiben.
3. Der Laptop geht gerade ins Bad.
4. Ich kann das ganze Bauchweh wegwerfen.
5. Der alte Knacker spricht gerade mit dem Sodbrennen.

27 Auf der Suche nach
27 In cerca di un bancomat

Britta (**B**) e Vito (**V**) prendono il giornale per vedere quali farmacie *sono di turno* stanotte.

B: Ma dov'è la *pagina* con le farmacie?
V: C'è scritto: *"Numeri utili"*. E lì trovi tutto: ospedali, il *pronto soccorso*, i *vigili del fuoco* ...
B: Ah, ecco ... ce n'è una in piazza San Babila ...
V: Ma *ci metteremo* più di un'ora!
B: Allora, ce n'è un'altra vicino alla stazione centrale ... proviamo ad andare lì.
V: Claudio ti ha dato la *ricetta*?
B: Sì, eccola ... devo solo trovare un *bancomat* prima di andare in farmacia. Sono senza soldi.
V: Guarda, ne ho bisogno anch'io. Lo troveremo *strada facendo.*

Dienst haben
Seite
nützliche Telefonnummern; erste Hilfe; Feuerwehr (-leute); dafür brauchen wir
Rezept
Geldautomat
unterwegs

Auf einen BLICK: *ne + ci*

C'è una farmacia?	Ce **n'è** una. (ne + è)	Es gibt eine **davon**.
Hai bisogno **di** soldi?	**Ne** ho bisogno.	Ich brauche (welches) **davon**.
Parliamo **di** questo?	No, non **ne** parliamo.	Nein, wir sprechen nicht **darüber**.

Ne steht für Ergänzungen mit ***di***.

Quanto tempo serve **per** andare in piazza San Babila?	**Ci** metteremo più di un'ora.	**Dazu** brauchen wir mehr als eine Stunde.
Pensi **a** questa cosa?	Sì, **ci** penso.	Ja, ich denke **daran**.
Vai **al** bancomat?	Sì, **ci** vado.	Ja, ich gehe **dahin**.
Stella è **a** casa?	Sì, **c'**è.	Ja, sie ist **da**.

Ci steht unter anderem für Ergänzungen mit ***a, per, in***.
Steht ***ci*** in Verbindung mit ***ne***, wird es zu ***ce***.

Britta e Vito hanno trovato un bancomat. Britta scende per *fare un prelievo*. Vito resta in macchina. — *Geld ziehen*

B: *Porca miseria*! Non funziona. — *verdammter Mist!*

V: Cosa c'è, Britta?

B: Metto la carta dentro ... il bancomat mi chiede il *codice segreto* ... poi mi *ridà* la carta ... c'è scritto: prelievo momentaneamente impossibile, *ritiri* la carta *entro 10 secondi*. — *Geheimzahl; gibt zurück; ziehen Sie zurück; in 10 Sekunden*

V: Mmh, io non ne capisco niente, ma possiamo comunque provare con la mia ...

B: Non funziona neanche con la tua ... cerchiamo un altro bancomat.

TEST 1: Erste Hilfe – was wird gebraucht?

1. Hai bisogno del pronto soccorso? **Sì, *ne* ho bisogno. / No, non *ne* ho bisogno.**
2. Britta ha bisogno di una medicina? ____________
3. Avete bisogno dei vigili del fuoco? ____________
4. Hai bisogno della polizia? ____________
5. Maria ha bisogno di una farmacia? ____________
6. Avete bisogno di aiuto? ____________

TEST 2: Probleme mit dem Geldautomaten

Bringen Sie die Satzteile in die richtige Reihenfolge.

1. poi mi ridà la carta
2. il bancomat mi chiede il codice segreto
3. c'è scritto:
4. metto la carta dentro
5. ritiri la carta
6. prelievo momentaneamente impossibile
7. entro 10 secondi

Britta e Vito tornano a casa con le medicine che è quasi mezzanotte. Britta (**B**) entra nel salotto. Maria (**M**) è ancora sul divano. Claudio (**C**) *le tiene la mano.* — *hält ihre Hand*

B: Scusate il ritardo, ma è stato difficile trovare un bancomat ... sono quasi tutti *rotti* ... come sta Maria? — *kaputt*

C: Un po' meglio.

B: E Francesca?

C: È già andata a letto ... sembrava molto triste. Non so cos'abbia. Ma ... adesso accompagno Maria in albergo.

B: Ma la possiamo accompagnare anche noi.

C: Non se ne parla nemmeno. *Ci penso io.* — *ich kümmere mich darum*

TEST 3: Quiz-Show

1. Dove troveremo un bancomat?
- **a.** Lo troverete di turno.
- **b.** Lo troverete in un primo momento.
- **c.** Lo troverete strada facendo.

2. Dove trovo la pagina con le farmacie?
- **a.** Dove c'è scritto "numeri utili".
- **b.** Dove c'è scritto "prelievo impossibile".
- **c.** Dove c'è scritto "fare le ore piccole".

3. Britta e Vito devono andare
- **a.** in ospedale.
- **b.** in farmacia.
- **c.** in discoteca.

TEST 4: Beantworten Sie alle Fragen mit ja

1. Vai al bancomat? – **Sì, *ci* vado.**
2. Pensi alle medicine? ____________
3. Andate in albergo? ____________
4. Francesca è a casa? ____________
5. Vito e Britta vanno al pronto soccorso? ____________

B:	Allora, Maria, per domani come facciamo?	
M:	Prima di tutto devo prendere le mie medicine e devo dormire ... mi sento *debole.* Ti telefono domani mattina.	*schwach*
B:	Bene. Ma sarai *in grado di* partire?	*in der Lage*
M:	Penso di sì ... fino a domani pomeriggio mi sarò *ripresa.*	*erholt*
B:	E adesso ti posso lasciare sola con Claudio?	
M:	Ma sì, certamente ... e sai, il tuo Claudio non lo trovo *niente male.*	*nicht übel*
B:	*Ma guarda un po'*!	*sieh mal einer an*
M:	Ok, Britta, ci vediamo domani. Buona notte.	
B:	Buona notte Maria ... eh, *mi raccomando*!	*aufgepasst! / bleib anständig!*

TEST 5: Richtig oder falsch?

		sì	no
1.	Claudio partirà domani pomeriggio.		
2.	Maria deve prendere le sue medicine.		
3.	Claudio ritira la mano entro 10 secondi.		
4.	Claudio vuole accompagnare Maria in albergo.		
5.	Maria si sente debole e deve dormire.		

TEST 6: Wer übersetzt den Quatsch?

1. Maria findet ihn nicht übel, den Geldautomaten.
2. Die Feuerwehr(leute) sind noch auf dem Sofa.
3. Schauen wir (mal), welches Rezept heute Dienst hat.
4. Die Geheimzahl braucht ihre Tabletten? – Ich denke dran!
5. Du brauchst einen Hauptbahnhof? – Es gibt einen auf der Piazza.

28 Maria parte

B: Ciao, Maria, come ti senti stamattina?
M: Molto meglio ... le medicine mi hanno aiutata.
B: E Claudio ti ha lasciata in pace?
M: Sì, è stato bravissimo!
B: E *te la senti* di partire? — *ist dir danach*
M: Sì, certo ... aspetta che guardo un attimo in internet per vedere l'*orario* ... allora ... c'è l'Eurostar delle 11.53, ma è troppo presto, *non ce la faccio*, poi c'è un intercity alle 13.20 ... poi ci sarebbe l'Eurostar delle 14.53. Dovrei fare la *prenotazione* ...
Fahrplan / *das schaffe ich nicht* / *Reservierung*
B: Prenotazione?
M: Sì, per l'Eurostar la prenotazione è *obbligatoria*. — *obligatorisch*

Auf einen BLICK: *sentirsela* + *farcela*

sentirsela (di)	zumute sein nach; sich fühlen	**farcela (a)**	es schaffen, können
me la sento	mir ist danach	**ce** la faccio	ich schaffe es
te la senti	dir ist danach	**ce** la fai	du schaffst es
se la sente	ihm / ihr ist danach	**ce** la fa	er/sie schafft es
ce la sentiamo	uns ist danach	**ce** la facciamo	wir schaffen es
ve la sentite	euch ist danach	**ce** la fate	ihr schafft es
se la sentono	ihnen ist danach	**ce** la fanno	sie schaffen es
Pronomen verändert sich		**Pronomen bleibt immer *ce***	

1 italienischer ICE

B: Accompagniamo Maria alla stazione, Vito?
V: A che ora parte?
B: Alle 14.53, con l'Eurostar.
V: Va bene ... e dopo, cosa facciamo di bello?
B: Mmh non so, guardiamo sul giornale ... c'è una bella mostra a Palazzo Reale, "*Arte indiana*" ... — *indische Kunst*
V: Sinceramente non mi *entusiasma* ... perché non andiamo al cinema? — *begeistert*
B: Che film vorresti vedere?
V: Guarda, *danno* "Love actually – *l'amore davvero*", con Hugh Grant. — *es läuft; "Tatsächlich Liebe"*
B: Mi hai *convinto*, andiamo al cinema! — *überzeugt*

TEST 1: Wenn einem nach nix zumute ist

1. Te la senti di partire? – No, non me la sento.
2. Ve la sentite di fare un giro? ________________
3. Vito se la sente di andare a Palazzo Reale? ________________
4. Te la senti di fare la spesa? ________________
5. Ve la sentite di mangiare al ristorante? ________________
6. Maria se la sente di mangiare un dolce? ________________
7. Te la senti di andare a vedere una mostra? ________________

TEST 2: Mit dem Zug unterwegs

l'Eurostar – partire – l'orario – intercity – obbligatoria – prenotazione

1. Guardo un attimo in internet per vedere ________________
2. C'è ________________ delle 11.53.
3. Ma ci sarebbe anche un ________________ che parte alle 13.20.
4. Bisogna ad ogni modo fare una ________________
5. Per l'Eurostar la prenotazione è ________________
6. A che ora vorresti ________________?

Britta (**B**) accompagna Maria (**M**) al binario:

B: Sai da quale binario parte?
M: Binario 15 ...
B: Come stai, Maria?
M: Sto molto meglio, e sai, senza il virus non avrei conosciuto Claudio ... è veramente molto simpatico.
B: Ma tu adesso parti e lo lasci in pace, mi raccomando! E Vito? Che impressione ti ha fatto?
M: Praticamente non ho avuto modo di conoscerlo, ma comunque non mi sembra male ... *Aiuto*, il treno parte! — *Hilfe*
B: *Sali*, su! Ce la fai! Ciao Maria! Ci sentiamo ... — *steig ein*
M: Ciao, e grazie di tutto!

TEST 3: Das schaffen wir doch!

1. Ce la fai a salire sul treno? – Ma sì, ce la faccio!
2. Ce la fate a portare la macchina in officina? ____________
3. Stella e Mari ce la fanno a fare la spesa per me? ____________
4. Francesca ce la fa a dimenticare Piero? ____________
5. Ce la fai a preparare la colazione? ____________
6. Ce la fate a collegarvi in internet? ____________

TEST 4: Was machen sie Schönes?

1. Che cosa fate di bello?
2. Che cosa fai di bello?
3. E Maria? Che cosa fa di bello?
4. Vito e Britta? Che cosa fanno di bello?
5. E Maria e Britta? Che cosa fanno di bello?

a. Si collega in internet.
b. Vanno al cinema.
c. Guardo la tivù.
d. Vanno a visitare la Scala.
e. Andiamo a Palazzo Reale.

Vito (**V**) sta aspettando Britta (**B**) in macchina davanti alla stazione centrale:

V:	Finalmente! Ma sai che qui sono in *divieto di sosta.* Il *vigile* è già passato due volte ...	*Halteverbot* *Polizist*
B:	Scusami, ma sai, quando due vecchie amiche si salutano ...	
V:	Allora, Maria è partita e noi due abbiamo ancora tutto il sabato pomeriggio ... ed il sabato sera. E adesso andiamo in centro, *parcheggiamo* la macchina e tu mi dici cosa vorresti *per Natale.*	*wir parken* *zu Weihnachten*
B:	Mi vuoi fare un regalo per Natale, Vito?	
V:	Certo, vorrei fare un regalo ad una donna bella e giovane *alla quale* voglio molto bene ...	*die ich*

TEST 5: Richtig oder falsch?

		sì	no
1.	Vito e Britta vogliono andare al cinema.		
2.	Per il cinema la prenotazione è obbligatoria.		
3.	Maria parte insieme a Hugh Grant.		
4.	Vito non ha voglia di andare alla mostra.		
5.	Vito è in divieto di sosta.		

TEST 6: So ein Quatsch!

1. Was läuft im Kino? – Ich weiß es nicht, aber schauen wir doch auf dem Gleis.
2. Warum parken wir Hugh Grant nicht im Zentrum?
3. Nein, ohne das Virus schaffe ich es nicht!
4. Hilfe! Der Polizist fährt ab. – Steig ein, du schaffst das.
5. Mir ist nicht danach zumute, im Halteverbot zu sein.

29

29 Prima di Natale

Britta (**B**) scrive un'e-mail a Maria (**M**):

Carissima, spero che il *viaggio* a Roma sia andato	*Reise*
bene e spero anche che tu stia meglio. *In quanto*	*was mich betrifft*
a me posso dirti che sto molto bene – grazie a Vito!	
Lui è così carino! Sabato pomeriggio mi ha *addi-*	*sogar*
rittura chiesto cosa *desidero per Natale*. Ma io non	*gefragt; ich mir wün-*
ho ancora la *minima idea* di cosa potrei *regalare* a	*sche; zu Weihnachten;*
lui. Tu non avresti per caso un *suggerimento*? *Mi*	*geringste Ahnung; schen-*
fido di te e dei tuoi consigli! Guarda, non devo	*ken; Anregung; ich ver-*
trovare solo i regali per i *milanesi*, ma anche per la	*lasse mich auf dich*
mia famiglia in Germania. Quando penso a tutti	*Mailänder*
i regali che devo fare mi vengono le *vertigini* ...	*Schwindelanfälle*
A presto, tua Britta	

Auf einen BLICK: Betonte Objektpronomen

Personalpronomen		Betonte Objektpronomen	
io	+ Präposition	Lo dà **a me.**	Er gibt es **mir.**
tu		Mi fido **di te.**	Ich verlasse mich **auf dich.**
lui / lei		Lo faccio **per lui / lei.**	Ich mache es **für ihn / sie.**
noi		Parlano **con noi.**	Sie sprechen **mit uns.**
voi		Dipende **da voi.**	Es hängt **von euch** ab.
loro		Parlo **di loro.**	Ich spreche **von ihnen.**

- In Verbindung mit Präpositionen werden die Personalpronomen ***io*** **+** ***tu*** zu ***me*** **+** ***te.***
- Betonte Objektpronomen dienen der besonderen Hervorhebung: *Guardo* ***te****, non* ***lui****.*
- Feste Wendung: *in quanto a ...* = was ... betrifft

Maria risponde:	
Cara Britta, posso dirti che mi sono completamente ripresa e ricordo con piacere il breve *soggiorno* a Milano (*tranne* la sera a casa tua naturalmente!). In quanto ai regali di Natale devo dirti che non è facile.	*Aufenthalt* *außer*
E tu mi dici che ti fidi di me! – Io personalmente *detesto* i *soprammobili.* Preferisco sempre le cose pratiche, anche i *generi alimentari.* Per esempio un buon olio d'oliva, una buona marmellata. O anche – *visto che* siamo in *inverno* – qualcosa di *lana*: una bella *sciarpa*, un *paio di guanti.*	*ich verabscheue; Nippes; Lebensmittel; da Winter; Wolle Schal; ein Paar Handschuhe*
Ma tu parti per la Germania? E Vito ti viene a trovare? Fammi sapere! Tua Maria	

TEST 1: Verteilen Sie die Weihnachtsgeschenke!

1. La sciarpa è per Claudio? (*dich*) – No, la sciarpa è per *te*.
2. Il soprammobile è per Maria? (*ihn*) ____________
3. I guanti sono per la mamma? (*mich*) ____________
4. I libri sono per i bambini? (*euch*) ____________
5. La marmellata è per Vito? (*sie*, Singular) ____________
6. Il vino è per Francesca? (*dich*) ____________
7. I pantaloni sono per Mari? (*sie*, Plural) ____________

TEST 2: Fehler raus!

addirittura – ai – suggerimento – paio – detesto – sciarpa

1. In quanto *dei* regali di Natale devo dirti che non è facile.
2. Tu non avresti per caso un *sinceramente*?
3. Io personalmente *determino* i soprammobili.
4. Perché non prendi qualcosa di lana: una bella *scarpa*?
5. Potrei regalarti un bel *palco* di guanti.
6. Sabato mi ha *appuntamento* chiesto cosa desidero per Natale.

Stella (**S**) *sta suonando* il *flauto dolce.* Francesca (**F**) *non ne può più:*

spielt; Blockflöte
hält es nicht mehr aus

F: Ma quante volte vuoi ripetere "*Tu scendi dalle stelle*"? È da due ore che non sento altro.

„Du kommst von den Sternen herab"

S: Devo studiarla per la *recita di Natale.* Io suono e gli altri bambini cantano con me.

Krippenspiel

F: Ma adesso fai una pausa e mi dici quale regalo vorresti per Natale?

S: Vorrei un'altra "Barbie".

F: Ma ne hai già tante! Non desideri altro?

S: Mmh, non so ...

TEST 3: Was gehört zusammen?

1. la cassetta	**a.** di Natale
2. una sciarpa	**b.** turistica
3. i regali	**c.** dolce
4. la recita	**d.** di lana
5. un soggiorno	**e.** a pieghe
6. il flauto	**f.** alla pari
7. una guida	**g.** a Milano
8. la gonna	**h.** delle lettere
9. la ragazza	**i.** di Natale

TEST 4: Bringen Sie Ordnung rein!

1. chiesto – Vito – addirittura – mi – Natale – ha – cosa – per – desidero
2. soprammobili – personalmente – detesto – i – io
3. quante – ripetere – "tu scendi" – volte – vuoi – "dalle stelle"
4. dirti – posso – completamente – che – ripresa – mi – sono
5. mi – regalo – dici – Natale – per – quale – vorresti

Claudio (**C**) e Britta (**B**):

C: Allora Britta, quando parti per la Germania?
B: Il venti dicembre ... mancano solo due settimane e devo ancora comprare tutti i regali ...
C: *Tocca anche a me*, cara Britta, ... tu non potresti darmi qualche consiglio? Cosa potrei regalare a mia moglie? Forse un buon *profumo*?
B: Mmh, un profumo mi sembra un'ottima idea ...
C: Per esempio il profumo della tua amica Maria ... è molto buono. Non sai per caso come si chiama?
B: Ma sì che lo so: "*Sensualità*".
C: Bene, così potrei prendere il profumo o ... una stola di seta?
B: Ma no! Ne ha già trenta nell'armadio!

das (be)trifft auch mich
Parfum
„Sinnlichkeit"

TEST 5: Quiz-Show

1. Claudio vuole regalare alla moglie
a. una Barbie.
b. un profumo.
c. un soprammobile.

2. Stella sta suonando
a. il regalo.
b. l'armadio.
c. il flauto dolce.

3. Quando Britta pensa ai regali le
a. vengono le vertigini.
b. viene il mal di testa.
c. vengono le previsioni.

TEST 6: Wer übersetzt diesen Blödsinn?

1. An Weihnachten kommt die Barbie von den Sternen herab.
2. Die Marmelade hat sich wieder völlig erholt.
3. Die Sinnlichkeit spielt gerade Blockflöte.
4. Das Parfum ist für das Olivenöl, nicht für dich.
5. Hier, eine Seidenstola für ihn und ein Krippenspiel für mich.

17 dicembre, Francesca:
Ma quante cose nuove sono successe in quest'anno! Soprattutto negli ultimi mesi: Britta ha cominciato a lavorare da noi, Claudio le ha fatto la corte, per fortuna senza *successo*! Io sarei quasi diventata l'amante del bancario Piero ... ma adesso le cose cominciano a *tornare normali.* Sono ancora un po' triste perché la storia con Piero è finita così, per un'altra donna. Non ci devo più pensare. Ad ogni modo ho *salvato* il mio *matrimonio*, la mia famiglia. Manca solo una settimana a Natale e sono contenta di poter stare con tutti. Mi dispiace solo che Britta non sarà con noi. Ma lei vuole naturalmente stare con la sua famiglia in Germania. E Claudio? Cosa mi regalerà? Spero che non sarà *l'ennesima* stola di seta ...

Erfolg
wieder normal zu werden
gerettet; Ehe
die x-te

18 dicembre, Claudio:
Oggi è già il 18 dicembre ... ed io non so cosa regalare a Francesca. Forse una stola di seta? Domani devo assolutamente trovare il tempo per andare in centro: così comprerò un regalo per Francesca e porterò il pacchetto per Maria all'*ufficio postale.* Le regalerò il suo profumo *preferito*, "Sensualità". Mamma mia, Claudio, cosa stai facendo? Non puoi e non devi iniziare una storia con Maria: è troppo giovane per te! Ma queste ragazze, Maria, ma anche Britta, hanno un fascino particolare. Spero comunque che l'anno prossimo sarà un po' più *tranquillo* ...

Postamt
Lieblings...
ruhig

TEST 1: Richtig oder falsch?

	sì	no
1. La storia tra Francesca e Piero è finita.		
2. Francesca desidera una stola di seta.		
3. Britta andrà in Germania a Natale.		
4. Claudio regala un profumo a sua moglie.		
5. Claudio porterà un pacchetto all'ufficio postale.		

19 dicembre, Mariangela:
Oggi è stato l'ultimo giorno di scuola. E fra alcuni giorni è Natale! Non vedo l'ora di avere i regali. Desidero tanto il *videogioco* che ho visto in un negozio del centro e spero che la mamma l'abbia comprato. Stella crede ancora a *Babbo Natale* ... ma lei è piccola! Peccato che Britta non sarà con noi a Natale. Ma la mamma le ha comprato un bel *panettone.* Così Britta lo mangerà in Germania con tutta la sua famiglia ...

Videospiel
Weihnachtsmann
schade
Panettone

18 dicembre, Stella:
Oggi c'è stata la recita di Natale all'asilo. E sono molto contenta perché ho suonato bene il flauto. Tutti i bambini hanno cantato "Tu scendi dalle stelle". Poi siamo andati a casa con i regali per i nostri *genitori.* Li abbiamo fatti noi bambini negli ultimi giorni: io ho fatto quattro *disegni*, uno per la mamma, uno per il *babbo*, uno per Mariangela (anche se spesso è molto *cattiva*) e uno per Britta (con la neve, perché in Germania fa sempre freddo).

Eltern
Bilder
Papa
gemein

TEST 2: **Wie gehören die Teile zusammen?**

1. Mari desidera il videogioco
2. I bambini sono andati a casa
3. Mariangela non vede l'ora
4. La mamma ha comprato
5. Stella è molto contenta

a. perché ha suonato bene il flauto.
b. un panettone per Britta.
c. che ha visto in un negozio del centro.
d. con i regali per i loro genitori.
e. di avere i regali.

TEST 3: **Welches Wort passt nicht in die Reihe?**

1. freddo – babbo – mamma – nonna
2. Natale – panettone – peperone – regali
3. pastiglie – portatile – gocce – medicine
4. amante – moglie – marito – matrimonio

23 dicembre, Maria:
Penso ancora a Milano, a Britta, ma soprattutto a Claudio. Sono proprio deficiente! Claudio è un uomo sposato, io sono troppo giovane ... cosa voglio da lui? Ma anche lui sembra interessato: ieri è arrivato un pacchetto con il mio profumo preferito! Che carino! Sicuramente ha domandato a Britta per saperlo. A proposito di Britta: non le ho ancora detto niente dei miei *sentimenti* per Claudio ... ma subito dopo Natale le scriverò una lunga e-mail. Adesso devo *fare la valigia* per andare dai miei genitori.

Gefühle
Koffer packen

21 dicembre, Vito:
Ho trovato un bellissimo regalo per Britta: un paio di *orecchini* che abbiamo visto due o tre settimane fa in centro. Britta invece crede che le regalerò un libro. Sarà una bella sorpresa. Domani festeggeremo "il nostro Natale" perché poi Britta andrà in Germania dai suoi genitori e non la vedrò fino al 30 dicembre. Il trenta andrò anch'io in Germania per stare insieme a lei *l'ultimo dell'anno.* Sono felicissimo: non sono stato mai tanto innamorato! Il 5 gennaio Britta ed io torneremo insieme a Milano: lei deve tornare dai Galli ed io in *ufficio.*

Ohrringe
Silvester
Büro

TEST 4: Setzen Sie die richtige Präposition ein

all' – dai – da – a – dell' – per

1. Britta andrà in Germania _________ suoi genitori.
2. Vogliamo festeggiare l'ultimo _________ anno insieme.
3. Ma cosa voglio _________ Claudio?
4. Devo fare la valigia _________ andare a casa.
5. Il cinque gennaio devo tornare _________ Milano.
6. Oggi c'è stata la recita di Natale _________ asilo.

22 dicembre, Britta:
Che bello! Dopodomani rivedrò finalmente la mia famiglia ... dopo mesi! Ma posso dire che proprio gli ultimi mesi sono stati bellissimi ed interessantissimi: i Galli mi hanno assunta come ragazza alla pari, ho fatto *un sacco* di esperienze e posso dire che ho imparato moltissimo – anche la cucina italiana! ... E poi ho conosciuto Vito, il mio amore! Stasera sarà il "nostro piccolo Natale": io preparerò qualcosa da mangiare e apriremo una buona bottiglia di champagne... come la sera che ci siamo conosciuti! E il trentun dicembre lo *passeremo* insieme in Germania ... spero tanto che anche l'anno prossimo sarà un anno buono.

un sacco: *eine Menge*
passeremo: *wir werden verbringen*

TEST 5: Komische Weihnachten

1. Wir haben Weihnachten im Postamt gefeiert.
2. Der Weihnachtsmann hat meinen Panettone gegessen.
3. Das Videospiel hat eine Flasche Champagner geöffnet.
4. Meine Eltern haben mir einen alten Knacker geschenkt.
5. Die Mandelplätzchen haben sich geküsst.

Schlüssel zu den Übungen

Soluzioni

CAPITOLO 1

TEST 1: Die richtige Verbform, bitte!

1. Britta *legge* il nome del mittente.
2. I Galli *rispondono* con una lettera.
3. Signora, Lei *scrive* una lettera?
4. I Galli *cercano* una ragazza come lei.
5. Britta *apre* la cassetta delle lettere.
6. Forse Britta *trova* un posto.
7. Claudio, perché tu non mi *aiuti* mai?
8. Noi *cerchiamo* una giovane tedesca.

TEST 2: Was stimmt und was stimmt nicht?

		sì	no
1.	Francesca ha bisogno di aiuto.	✔	
2.	Claudio fa tutti i lavori di casa.		✔
3.	Britta lavora in una casa editrice.		✔
4.	Britta trova la bolletta del telefono.	✔	
5.	Claudio deve cucinare.		✔

TEST 3: Präpositionen erwünscht

1. Britta ha messo un'inserzione *sul* giornale.
   * *messo* ist das Partizip Perfekt von *mettere* = setzen, stellen, legen.
2. La ragazza legge il nome *del* mittente.
   * Vorsicht: Aussprachewechsel bei der Konjugation von *leggere: leggo*, aber *leggi* (sprich: ledschi), legge (sprich: ledsche).
3. Mi devo anche occupare *delle* bambine.
4. Scrivo una lettera *a* questa ragazza.
5. Ho bisogno *di (d')* aiuto.
6. Francesca ha il suo lavoro *alla* casa editrice.

7. Ma non siamo più *nell'*Ottocento!

* Sie haben richtig gelesen: *Ottocento* – oder in Zahlen: '800 – ist das 19. Jahrhundert. Italiener zählen eben anders. Das gilt auch für andere Jahrhunderte:
Cinquecento – '500 – ist das 16. Jahrhundert
Seicento – '600 – ist das 17. Jahrhundert ...

8. La lettera, la puoi scrivere *da* solo.

TEST 4: Was muss getan werden?

1. Bisogna *rispettare le regole.*
2. Bisogna *scrivere una lettera.*
3. Bisogna *cercare lavoro.*
4. Bisogna *fare tutti i lavori di casa.*
5. Bisogna *trovare una ragazza alla pari.*
6. Bisogna *aprire la cassetta delle lettere.*

TEST 5: Die richtige Antwort

1. **b.** Claudio e Francesca cercano una ragazza alla pari.
2. **a.** Britta deve fissare un appuntamento.
3. **a.** Claudio scrive una lettera.

TEST 6: So ein Quatsch! – Übersetzen Sie!

1. Britta apre la cassetta delle lettere e tira fuori una ragazza alla pari.
2. Cerco lavoro come bolletta del telefono.
3. Posso (So) cucinare un'inserzione e(d) una lettera.

* *Potere* steht für die Möglichkeit, *sapere* für die Fähigkeit.
Also: *so cucinare* = ich kann kochen – weil ich es gelernt habe + beherrsche.
Aber: *non posso cucinare* – weil mir die Zutaten fehlen.

4. Il giornale si chiama Britta Neumaier.
5. Fissiamo un appuntamento nell'Ottocento.

CAPITOLO 2

TEST 1: Reflektieren Sie!

1. Britta ed i Galli *s'incontrano/si incontrano* per la prima volta.
   * Das *si* kann, muss aber nicht apostrophiert werden. Das gilt auch für *mi ti* etc.
2. Prego, signorina Neumaier, *ci accomodiamo* nel salotto.
3. Io non *mi occupo* solo delle figlie, ma anche della casa.
4. Come *si chiama* questa ragazza?
5. Britta *si presenta* come ragazza alla pari.
6. Come *si chiamano* le figlie dei Galli?

TEST 2: Richtig oder falsch?

		sì	no
1.	Britta è emozionata	✔	
2.	Francesca prepara un tè.		✔
3.	Francesca ha due figlie.	✔	
4.	Francesca conosce Britta da quattro anni.		✔
5.	Stella ha quattro anni.	✔	

TEST 3: Die Qual der Wahl

1. Britta *si accomoda* nel salotto.
2. Francesca e Britta *si incontrano* per la prima volta.
3. Io *mi occupo* della casa e delle figlie.
4. Anche voi *vi occupate* di letteratura?
5. L'ex ragazzo *si chiama* Giuseppe.

TEST 4: Umgangsformen

1. **a.** Non ho capito, può ripetere gentilmente?
2. **b.** Prende un caffè o preferisce un tè?
3. **c.** Lei sa molto bene l'italiano. – Grazie del complimento.

TEST 5: Drücken Sie's anders aus!

1. Lei *s'intende* di letteratura.
2. Lo può *ripetere?*
3. *Come mai* sa così bene l'italiano?
4. Parliamo subito *della retribuzione*!
5. Francesca *non vede l'ora* di conoscere Britta.

TEST 6: So ein Blödsinn! – Bitte übersetzen Sie!

1. Il mio ex ragazzo si chiama Dante Alighieri.
2. La casa editrice si accomoda nel salotto.
3. Vuole vedere il curriculum della cassetta delle lettere?
4. Non vedo l'ora di fare tutti i lavori di casa.
5. Francesca vuole assumere l'ex ragazzo di Britta.

CAPITOLO 3

TEST 1: Wie war's gestern?

1. I Galli mi *hanno capito*.
2. Britta *ha messo* un'inserzione sul giornale.
3. *Ho parlato* con la mia futura padrona.
4. Francesca mi *ha offerto* un posto.
5. Io *ho preso* un caffè.
6. Non *hai capito* la letteratura italiana?

TEST 2: Formenlehre: Partizip Perfekt

1. trovato **2.** messo **3.** assunto **4.** offerto **5.** citato **6.** fatto **7.** capito **8.** creduto

TEST 3: Quiz-Show

1. **b.** Francesca ha conosciuto Britta.
2. **a.** Britta è intelligente.
3. **c.** Claudio ha qualcosa da criticare.

TEST 4: Fehler raus!

1. Claudio è medico e lavora in una grande *clinica.*
2. La signora Galli mi ha offerto un posto come *ragazza alla pari.*
3. Secondo me abbiamo trovato la *ragazza giusta.*
4. Domani è il mio primo *giorno di lavoro*.
5. Britta può *leggere* tutti i classici italiani.
6. Abbiamo *preso* il caffè insieme.

TEST 5: Gegenwart gefragt

1. Claudio *vede* una sua foto.
2. *Prendiamo* il caffè insieme.
3. *Porti* l'Alfa Romeo in officina?
4. I Galli mi *offrono* un tè.
5. Io *assumo* un medico.
6. *Mettete* i libri in biblioteca?

TEST 6: Wer übersetzt diesen Blödsinn?

1. Abbiamo assunto Einstein.
2. I Galli mi hanno offerto un deficiente.
3. Hai provato la ragazza alla pari?
4. Secondo me Dante ha criticato nel suo tempo libero.
5. I diari hanno conosciuto una biblioteca.

CAPITOLO 4

TEST 1: Das ist's gewesen

1. Stella *è andata* all'asilo.
2. Claudio e Francesca *sono tornati* dalle vacanze.
3. Franco *è stato* a Milano.
4. *Siamo andati/e* a scuola.
5. Mari e Britta *sono andate* in cucina.
6. *Siamo stati/e* in Italia.
7. Questo compito *è stato* difficile.

TEST 2: Was passt hier nicht rein?

1. clinica
   * weil die Klinik kein Raum einer Wohnung ist.
2. pomeriggio
   * weil der Nachmittag nichts mit Auto und Werkstatt zu tun hat.
3. cuoca
   * weil die Köchin keinen Verwandtschaftsgrad beschreibt.
4. esperienza
   * weil Erfahrung kein weibliches, junges Wesen bezeichnet.

TEST 3: Haben oder Sein?

1. La mamma *è andata* in camera sua.
2. Britta non *ha imparato* la cucina italiana.
3. Le figlie *hanno conosciuto* la ragazza.
4. Claudio e Francesca *sono tornati* a casa.
5. Britta *è stata* nel salotto.
6. Francesca *ha pagato* la macchina.
7. Io *ho portato* Mariangela a scuola.

TEST 4: Quiz-Show

1. **a** La pasta è scotta.
2. **c** Britta è andata in camera sua.
3. **a** Gli italiani guidano in modo caotico.

TEST 5: Richtig oder falsch?

	sì	no
1. Britta cucina molto bene.		✔
2. Claudio è un tipo silenzioso.	✔	
3. Stella accompagna Mari a scuola.		✔
4. I nonni vanno all'asilo.		✔
5. La mamma mangia un hamburger.		✔

TEST 6: Wer übersetzt den Quatsch?

1. Abbiamo portato Einstein all'asilo.
2. Gli spaghetti sono tornati dalle vacanze/da una vacanza.
3. Claudio ha mangiato la biblioteca. Che deficiente!
4. La pasta ha scritto la ricetta su un foglio.
   * *scritto:* Partizip Perfekt von *scrivere.*
5. Il diario ha sempre qualcosa da criticare.
   * *qualcosa **da** ...*: etwas **zu** essen, **zu** trinken, **zu** meckern ...

CAPITOLO 5

TEST 1: Was gibt's zum Frühstück?

1. Mangi il panino con il salame? – Sì, *lo* mangio.
2. Prendi i cornflakes? – Sì, *li* prendo.
3. Scaldi il latte? – Sì, *lo* scaldo.
4. Volete i biscotti? – Sì, *li* vogliamo.
5. Mangiate il salame? – Sì, *lo* mangiamo.
6. Prendete il latte freddo? – Sì, *lo* prendiamo.
7. Fai la colazione? – Sì, *la* faccio.

TEST 2: Was passt hier nicht rein?

1. vino
   * passt nicht, weil *vino* das einzige Getränk in der Reihe ist.
2. asilo
   * auch wenn der Literaturbetrieb manchmal einem Kindergarten ähnelt.
3. colazione
   * das einzig Essbare in der Reihe.
4. latte
   * hat bei der Jobsuche nichts verloren.

TEST 3: Setzen Sie zusammen, was zusammengehört!

1. **c** il latte caldo
2. **e** i ragazzi italiani
3. **a** la pasta scotta
4. **b** la ragazza tedesca
5. **d** la casa accogliente
6. **f** le merende dolci

TEST 4: Pronomen: einmal von hinten, einmal von vorn

1. La merenda: Devo preparar*la*. *La* devo preparare.
2. I biscotti: Possiamo mangiar*li*. *Li* possiamo mangiare.
3. I denti: Dovete lavar*li*. *Li* dovete lavare.
4. Il latte: Voglio scaldar*lo*. *Lo* voglio scaldare.
5. Le scarpe: Devo allacciar*le*. *Le* devo allacciare.
6. Le lettere: Puoi legger*le*. *Le* puoi leggere.

TEST 5: Fehler raus!

1. Se non mi lavo i denti, la mamma mi *sgrida.*
2. O ragazze, mi fate perdere *la pazienza.*
3. In Germania si mangiano le *cose salate* a colazione.
4. A quest'ora c'è molto *traffico.*
5. È già tardi, dobbiamo *andare.*

TEST 6: Seltsames Frühstück

1. Una biblioteca salata a colazione? Che schifo!
2. Vuoi un panino con il formaggio? – Ma non lo so allacciare da solo/a. / Ma non so allacciarlo da solo/a.
3. Sbrigati! Se no i denti arrivano in ritardo.
4. Prima devo scaldare le scarpe.
5. I cornflakes non vogliono il prosciutto di Parma! Non lo mangiano.

CAPITOLO 6

TEST 1: Kommandieren Sie rum!

1. a. Allaccia le scarpe!	**1. b.** Allacciate le scarpe!
2. a. Prepara la pasta!	**2. b.** Preparate la pasta!
3. a. Prendi il tram!	**3. b.** Prendete il tram!
4. a. Scalda il latte!	**4. b.** Scaldate il latte!
5. a. Leggi la lettera!	**5. b.** Leggete la lettera!
6. a. Senti la risposta!	**6. b.** Sentite la risposta!
7. a. Aiuta la mamma!	**7. b.** Aiutate la mamma!

* *aiutare* steht mit dem Akkusativ: *die* Mama helfen, statt wie im Deutschen *der* Mama helfen.

TEST 2: Drücken Sie's anders aus

1. La fermata del tram è a *due passi.*
2. La famiglia Galli mi ha *assunta.*
3. Claudio è una persona *silenziosa.*
4. Britta *accompagna* Stella all'asilo.
5. Che cosa vi *preparo* per colazione?

TEST 3: Werden Sie deutlich!

1. Accompagnami in macchina!
2. Sbrigati!
3. La merenda? Prendila!
4. Parti subito!
5. Concentrati!
6. I biscotti? Mangiali!
7. Il biglietto? Prendilo!

TEST 4: Wie gehören die Teile zusammen?

1. **d.** Io chiedo all'autista quante fermate sono.
2. **f.** Ho completamente dimenticato l'appuntamento in officina.
3. **e.** La mamma mi ha detto che deve portare la macchina in officina.
4. **a.** È stata una giornataccia per Britta.
5. **b.** C'è qualcosa al motore che non va.
6. **c.** Arriveremo con un ritardo clamoroso.

Test 5: Keine Lust zu gar nix

1. Ma non ho voglia di lavarmi i denti!
2. Ma non ho voglia di concentrarmi!
3. Ma non ho voglia di accomodarmi nel salotto!
4. Ma non ho voglia di mettermi le scarpe!
5. Ma non ho voglia di sbrigarmi!
6. Ma non ho voglia di occuparmi delle bambine!
7. Ma non ho voglia di presentarmi alla signora Galli!

TEST 6: So ein Quatsch!

1. I biscotti sono arrivati con un ritardo clamoroso.
2. Porta la (prima) colazione in officina! Ha un guasto al motore.
3. Sbrigatevi! Portate/Accompagnate il tram all'asilo!
4. La macchina non ha voglia di lavarsi i denti.
5. Prendi le scarpe e ripetile!
6. I cornflakes non hanno voglia di litigare.

CAPITOLO 7

TEST 1: Was wird gebraucht?

1. Serve un po' di frutta.
2. Servono due litri di latte.
3. Serve una scatola di biscotti.
4. Serve un pollo arrosto.
5. Servono alcuni biscotti integrali.
6. Servono sei uova.
7. Servono cinque banane.

TEST 2: Richtig oder falsch?

		sì	no
1.	La carbonara si fa solo con gli spaghetti.	✔	
2.	Claudio e Francesca cenano fuori.	✔	
3.	Britta deve comprare i cornflakes.		✔
4.	Francesca mangia solo i maccheroni.		✔
5.	Servono due litri di latte.	✔	

TEST 3: Essgewohnheiten

1. Le patatine *si scaldano* nel forno.
2. La carbonara *si fa* solo con gli spaghetti.
3. Per la colazione *occorrono* alcuni mandarini.
4. In Italia *si mangiano* anche i maccheroni.
5. Per stasera mi *serve* un pacchetto di spaghetti.
6. In questa famiglia *si mangia* solo roba bio.

TEST 4: Was passt hier nicht rein?

1. pollo
   * weil ein Huhn kein Obst ist.
2. patatine
   * weil Pommes keine Nudeln sind.
3. verdura
   * weil Gemüse mit dem Auto nichts zu tun hat.
4. negozio
   * weil ein Geschäft nicht zu Wurst und Schinken gehört.
5. salato
   * weil „gesalzen" kein Wohnraum ist.

TEST 5: Setzen Sie die richtige Präposition ein!

1. Che cosa c'è *da* comprare?
2. La vita è fatta *di* contraddizioni.
3. Da un lato mangi le patatine *dall'*altro la roba bio.
4. Compri la pancetta *al* supermercato.
5. *In* Italia la carbonara si mangia con gli spaghetti.
6. Ho preparato la lista *della* spesa.

TEST 6: So ein Quatsch! – Übersetzen Sie!

1. Il pollo arrosto mi critica sempre.
2. Le scarpe sono di coltivazione biologica.
3. Servono/Occorrono alcune ragazze/bambine surgelate.
4. I biscotti integrali cenano fuori.
5. La contraddizione si fa solo con gli spaghetti.
6. In fondo le patatine surgelate hanno ragione.

CAPITOLO 8

TEST 1: Fragen über Fragen

1. Hai visto la cravatta? – Sì, l'ho vista.
2. Avete sentito i gamberetti? – Sì, li abbiamo sentiti.
3. Ha visto il primario? – Sì, l'ho visto./ Sì, l'ha visto.

   * Hier sind zwei Lösungen möglich, weil *ha* als höfliche Anrede verstanden werden kann: „Haben SIE den Chefarzt gesehen?" Mit *ha* kann aber auch über eine dritte Person gesprochen werden: „Hat er/sie den Chefarzt gesehen?"
4. Hai mangiato le quaglie? – Sì, le ho mangiate.
5. Avete assunto Britta? – Sì, l'abbiamo assunta.
6. Ha sposato la segretaria? – Sì, l'ho sposata.

   * Auch hier sind wieder zwei Lösungen möglich. Begründung siehe Beispiel 3.
7. Hai comprato i mandarini? – Sì, li ho comprati.

TEST 2: Fehler raus!

1. Probabilmente il bancario non ha *gusto.*
2. La ragazza era la segretaria del *primario.*
3. Francesca si sente una *botte.*
4. Il bancario è alto e *calvo.*
5. La ragazza è molto *carina.*

TEST 3: Quiz-Show

1. **b.** Britta dorme nella camera accanto
2. **c.** Il bancario è simpatico.
3. **a.** Il primario è felice.

TEST 4: Schon erledigt!

1. Prendi lo zainetto! – L'ho già preso.
2. Compra il latte! – L'ho già comprato.
3. Mangia le banane! – Le ho già mangiate.
4. Scalda il pollo arrosto! – L'ho già scaldato!
5. Paga la bolletta del telefono! – L'ho già pagata.
6. Sposa la segretaria! – L'ho già sposata.
7. Prendi i biscotti integrali! – Li ho già presi.

TEST 5: Wie gehören die Satzteile zusammen?

1. **c.** Mari e Stella hanno guardato la tv.
2. **e.** Il dottor Galli fa colazione con Mari e Stella.
3. **f.** Francesca deve andare via prestissimo.
4. **b.** Mi sento una botte perché ho mangiato troppo.
5. **a.** Siamo tornati a casa dopo una cena da amici.
6. **d.** Hai visto la ragazza con il vestito rosso?

TEST 6: Wer übersetzt diesen Blödsinn?

1. Alle nove e mezzo/a (9.30) i gamberetti hanno guardato la tv. (I gamberetti hanno guardato la tv alle 9.30).
2. Le quaglie farcite? Sì, le ho portate a letto.
3. Il letto dorme nella camera accanto.
4. Abbiamo mangiato un primario con i biscotti integrali.
5. *La cravatta fa colazione con la lista della spesa.*
6. La top model? L'ho comprata al supermercato.

CAPITOLO 9

TEST 1: Wem gebe ich einen Rat?

1. *Le* do un consiglio.
2. *Gli* do un consiglio.
3. *Vi* do un consiglio.
4. *Le* do un consiglio.
5. *Gli* do un consiglio.
6. *Ti* do un consiglio.
7. *Gli* do un consiglio.

TEST 2: Richtig oder falsch?

		sì	no
1.	Claudio fa la corte a Britta.	✔	
2.	Maria è diventata più distanziata.		✔
3.	Britta preferisce i ragazzi più giovani.	✔	
4.	Francesca è gelosa.	✔	
5.	Claudio è troppo timido.		✔
6.	Claudio preferisce i ragazzi giovani.		✔

TEST 3: Wie gehören die Satzteile zusammen?

1. **c.** Ho pensato di organizzare una piccola festa.
2. **e.** Se mi dai il suo numero gli posso telefonare.
3. **d.** Abbiamo avuto modo di conoscere gente simpatica.
4. **f.** Dirò a Francesca che non ha niente da temere.
5. **b.** Ho notato che gli piaccio.
6. **a.** Questo fatto non le piace per niente.

TEST 4: Pronomen erwünscht!

1. *Mi* puoi dare il suo numero?
2. *Gli* telefono domani.
3. *Ci* sai dare un consiglio?
4. *Le* dirò che mi piacciono i ragazzi giovani.
5. *Vi* telefoniamo stasera!
6. *Gli* dai la tua macchina?
7. *Ti* possiamo fare un regalo?

1. Kannst du mir seine/ihre Nummer geben?
2. Ich rufe ihn morgen an.
3. Kannst du uns einen Rat geben?
4. Ich werde ihr sagen, dass mir junge Männer/Leute gefallen.
5. Wir rufen euch heute Abend an.
6. Gibst du ihnen dein Auto?
7. Können/Dürfen wir dir ein Geschenk machen?

TEST 5: Fehler raus!

1. Abbiamo avuto modo di conoscere gente *simpatica.*
2. Francesca ha parlato a lungo con il *bancario.*
3. Ti lascio il numero del suo *cellulare.*
4. Britta non vuole perdere *il posto di lavoro.*
5. Il prossimo *fine settimana* Francesca compie gli anni.
6. Claudio comincia a *farmi la corte.*

TEST 6: Wer übersetzt den Quatsch?

1. Il cellulare è molto affascinato di Francesca.
2. Il biscotto integrale mi fa la corte.
3. Domani la lista della spesa compie gli anni.
4. Vorrei un bancario farcito da coltivazione biologica.
5. (Che) cosa le posso regalare (posso regalarle)? Forse le compro un marito.
6. Il pollo arrosto non ha niente da temere.

CAPITOLO 10

TEST 1: Seien Sie höflich!

1. Mi *porti* un bicchiere di champagne!
2. *Serva* prima gli ospiti!
3. Ma non si *preoccupi*!
4. *Venga* da me, signorina!
5. *Guardi* questa bella ragazza!
6. *Prenda* un altro bicchiere!
7. *Parli* con il primario!

TEST 2: Quiz-Show

1. **b.** Vito Esposito è un tirocinante.
2. **c.** Il primario beve come una spugna.
3. **a.** Claudio e Francesca danno il benvenuto agli ospiti.

TEST 3: Machen Sie Befehle draus!

1. Britta, *serva* lo champagne!
2. Francesca, *parli* di Vito!
3. Claudio, *prenda* una sedia!
4. Vito, non si *preoccupi*!
5. Cinzia, *venga* da me!
6. Britta, *dia* un bicchiere a Piero!
7. Giuseppe, *offra* lo champagne!

TEST 4: Füllen Sie die Lücken!

1. Tutti stanno *in piedi* nel salotto.
2. Giuseppe beve come una *spugna.*
3. Britta va *in giro* e offre dello champagne.
4. Vito vuole fare due *chiacchiere* con Britta.
5. Francesca parla *spesso* di Britta.
6. Claudio e Francesca danno il *benvenuto* agli ospiti.

TEST 5: Das Gegenteil von ...

1. **c.** finire – iniziare
2. **d.** vecchio bacucco – giovincello
3. **f.** ricordarsi – dimenticare
4. **g.** fortunato – sfortunato
5. **e.** domandare – rispondere
6. **a.** vuoto – pieno
7. **b.** dolce – salato

TEST 6: Wer übersetzt diesen Blödsinn?

1. Mi dia un tirocinante farcito!
2. Facciamo due chiacchiere con la spugna.
3. Gli ospiti sono già vuoti.
4. Oggi lo champagne calvo compie gli anni.
5. Compri il vecchio bacucco al supermercato!
6. I piedi vanno in giro ed offrono (dei) giovincelli/ragazzi giovani.

CAPITOLO 11

TEST 1: Füllen Sie die Lücken: *sia* oder *abbia*?

1. Credo che *sia* il momento di brindare alla salute di Francesca.
2. Temo che Francesca non *abbia* tanta fame.
3. Credo che *abbia* il dovere di presentarvi Britta.
4. Penso che *sia* il momento di aprire il buffet.
5. Credo che Lei *sia* molto emozionata.
6. Voglio che *sia* una bella festa.
7. Penso che Claudio *abbia* molta fame.
8. Spero che Vito non *sia* emozionato.

TEST 2: Wie passen Fragen und Antworten zusammen?

1. **c.** Hai visto che Britta piace agli uomini? – Ma sì che l'ho visto!
2. **d.** Credete che sia il momento di cantare? – Sì, cantiamo!
3. **e.** Ci sono persone che ti interessano? – Sì, c'è un ragazzo carino.
4. **a.** Vogliamo dare il benvenuto a Britta? – Benvenuta a Milano, Britta!
5. **b.** Possiamo passare alla parte piacevole? – Certo, il buffet è aperto.

TEST 3: Richtig oder falsch?

		sì	no
1.	Britta dà del tu a Claudio.		✔
2.	Britta piace a Vito.	✔	
3.	Tutti brindano alla salute di Francesca.	✔	
4.	Claudio dà del dottore a Britta.		✔
5.	Claudio presenta Britta agli ospiti.	✔	
6.	Francesca dà del Lei a Britta.		✔

TEST 4: Wird geduzt oder gesiezt?

		tu	Lei
1.	Signorina, mi dia un bicchiere di champagne.		✔
2.	Guarda, non mi devi dare del dottore.	✔	
3.	Lei mi può dare del tu.		✔
4.	Spero che tu sia d'accordo.	✔	
5.	Senta, Britta, non si preoccupi.		✔
6.	Ci sono persone che ti interessano?	✔	
7.	Io continuo a darLe del Lei.		✔

TEST 5: Welches Wort passt nicht in die Reihe?

1. tirocinio
   * weil ein Praktikum nicht zu Essen, Trinken und Feiern passt.
2. deficiente
   * weil „Blödmann" noch kein Beruf ist.
3. calvo
   * wer kahl ist, muss noch lange keine positiven Eigenschaften haben.
4. champagne
   * das einzige alkoholhaltige Getränk in der Reihe.

TEST 6: So ein Quatsch!

1. La festa fa un tirocinio alla casa editrice/presso una casa editrice.
2. Temo che il garage non abbia tanta/molta fame.
3. Credi che il vecchio bacucco sia un giovincello?
4. Perché dai del tu alla cassetta per le lettere?
5. Pensi che il (tuo) cellulare sia timido?
6. Brindiamo alla salute delle due patatine.

CAPITOLO 12

TEST 1: Nichts ist gewiss

1. Sembra che a Britta interessi Vito.
2. Pare che Claudio smetta di fare la corte a Britta.
3. Credo che senta una certa gelosia.
4. Voglio che tra loro due nasca qualcosa.
5. Temo che Piero sia uno spaccone insopportabile.
6. Penso che tu abbia un certo interesse per Britta.
7. Spero che Vito mi telefoni.
8. Pare che Claudio mi lasci finalmente in pace.

TEST 2: Wie gehören die Teile zusammen?

1. **c.** Spero che Claudio smetta di fare la corte a Britta.
2. **e.** Il bancario Piero è un tipo che non mi dispiace.
3. **a.** Alcune persone mi danno ai nervi.
4. **f.** Può darsi che tu senta una certa gelosia?
5. **d.** Sembra che a Britta non interessi mio marito.
6. **b.** La festa del mio compleanno è andata proprio bene.

TEST 3: Quiz-Show

1. **c.** Vito ha divorato Britta con gli occhi.
2. **b.** Claudio ha un certo interesse per Britta.
3. **c.** Francesca è più che sollevata.

TEST 4: Fehler raus!

1. Non ho *voglia* di queste discussioni.
2. Credo che a Vito *interessi Britta.*
3. A volte Claudio mi sembra un *bambino.*
4. Piero è uno *spaccone* insopportabile.
5. Alcune persone mi danno *ai nervi.*
6. Non voglio che tu *parli* così di uno dei miei ospiti.

TEST 5: Was passt zusammen?

1. **e.** occhi chiari
2. **i.** festa bella
3. **h.** spaccone insopportabile
4. **f.** consiglio prezioso
5. **d.** capelli scuri
6. **b.** persone gelose
7. **c.** patatine surgelate
8. **a.** bicchiere vuoto
9. **g.** uomini ridicoli

TEST 6: Wer übersetzt den Quatsch?

1. Temo che a Lagerfeld interessi un pollo arrosto.
2. Non voglio che tu parli così con la mia digestione.
3. Questo prosciutto è uno spaccone insopportabile.
4. La Mercedes è più che sollevata: non ha un guasto al motore.

   * Autos sind im Italienischen weiblich. Entsprechend das liebevolle Verhältnis der Männer zu ihrem fahrbaren Untersatz!
5. Può darsi che un uomo della sua età sia totalmente scotto.
6. Credo che il tirocinante assuma Topolino.
7. Voglio che (tu) mi compri una bolletta del telefono!

CAPITOLO 13

TEST 1: Nicht zu toppen

1. la più noiosa di tutte
2. il più dolce di tutti
3. il più gentile di tutti
4. la più felice di tutte
5. il più simpatico di tutti
6. il più formale di tutti
7. il più insopportabile di tutti
8. la più dolce di tutte
9. la più deficiente di tutte

TEST 2: Bringen Sie Ordnung rein!

1. Il latte è più caldo dell'acqua.
2. Questa ragazza è più bella dell'altra.
3. Il giovincello è più simpatico del vecchio bacucco.
4. Questa fiaba è più noiosa dell'altra.
5. Questi compiti sono più difficili degli altri.
6. La tv è più interessante della palestra.
7. Questo regalo è più carino dell'altro.

TEST 3: Richtig oder falsch?

	sì	no
1. La nonna ha letto una fiaba.	✔	
2. Britta dà un bacio a Mari.		✔
3. Vito deve andare in palestra.		✔
4. La festa è stata più che riuscita.	✔	
5. Vito conosce un ristorante siciliano.		✔
6. Il cuoco è forse uno dei più bravi.	✔	

TEST 4: Mehr als das!

1. Più che bella!
2. Più che bravo!
3. Più che buono!
4. Più che bella!
5. Più che simpatica!
6. Più che intelligente!
7. Più che difficile!

TEST 5: Finden Sie die richtigen Antworten!

1. **e.** È stata una festa riuscita? – Più che riuscita!
2. **a.** Quali progetti hai per stasera? – Niente ancora.
3. **b.** Avete dormito bene dai nonni? – Più che bene!
4. **f.** Sei impazzita, Britta? – No, sono la donna più felice al mondo.
5. **d.** A che ora mi vieni a prendere? – Verso le otto.
6. **g.** Posso invitarti a cena? – Perché no?
7. **c.** È bella questa fiaba? – Più che bella. È bellissima!

TEST 6: Wer übersetzt den Quatsch?

1. La nonna deve finire i (suoi) compiti.
2. La bella addormentata dà del tu al proprietario del ristorante.
3. Mi piacciono le fiabe con una palestra bellissima.
4. La principessa è più scotta della pasta.
5. Questo salotto è più che stanco morto.
6. Facciamo due chiacchiere/Chiacchieriamo con il cellulare più felice al mondo.

CAPITOLO 14

TEST 1: Immer was zu meckern

1. I miei vestiti non mi piacciono.
2. Le sue macchine non mi piacciono.
3. I loro tirocinanti non mi piacciono.
4. Le loro bimbe non mi piacciono.
5. I suoi disegni non mi piacciono.
6. Le vostre cene non mi piacciono.
7. I tuoi ragazzi non mi piacciono.
8. I tuoi baci non mi piacciono.
9. Le tue principesse non mi piacciono.

TEST 2: Was gehört zusammen?

1. **d.** Sono davanti all'armadio ma i miei vestiti non mi piacciono.
2. **e.** Vado a cena con una persona che conosci molto bene.
3. **b.** Britta mi ha detto di essere libera stasera.

4. **c.** Ti metti il vestito nero e prendi anche la mia stola di seta.
5. **f.** Andiamo al mio ristorante preferito.
6. **a.** Io purtroppo sono un po' ingrassata.

TEST 3: Einer von mir, einer von uns ...

1. È una mia amica.
2. È un nostro amico.
3. È un mio vestito.
4. È una mia macchina.
5. È un nostro telefono.
6. È una mia babysitter.
7. È una nostra speranza.
8. È una mia gonna.
9. È un nostro medico.

TEST 4: Fehler raus!

1. Oggi io mi devo occupare delle bimbe: *tocca* a me.
2. Purtroppo non ho tempo oggi. Sarà per un'altra *volta.*
3. A casa c'è anche *mio* marito.

   * *Marito* + Possessivpronomen OHNE Artikel: Er gehört zur Familie und steht in der Einzahl.
4. I miei vestiti non mi *piacciono*.
5. Non ho più tempo per stare al telefono. Devo *mettere giù.*
6. Vengo a cena con te più *che* volentieri.

TEST 5 : Verteilen Sie die Klamotten!

1. la sua gonna
2. le sue camicette
3. i suoi vestiti
4. la sua stola
5. le sue scarpe
6. i suoi pantaloni
7. il suo pullover
8. il suo slip
9. le sue cravatte

TEST 6 : Wer übersetzt den Blödsinn?

1. Claudio si mette il mio vestito nero? Non ci credo.
2. Le mie principesse non mi piacciono. Preferisco (prendere) le tue.
3. Ho comprato tua nonna perché è così sexy.
4. I miei pantaloni non hanno tempo. Hanno già un appuntamento.
5. Perché non ti metti il nostro pollo arrosto?
6. La mia cravatta preferita è ingrassata un po'/ è un po' ingrassata.

CAPITOLO 15

TEST 1 : Wer hat was angezogen?

1. Maria *si è messa* una gonna a pieghe.
2. Claudio *si è messo* i pantaloni neri.
3. Francesca *si è messa* una maglietta aderente.
4. Britta *si è messa* un vestitio sexy.
5. Britta e Maria *si sono messe* le scarpe nuove.
6. Vito *si è messo* il pullover di Britta.
7. Piero *si è messo* lo slip rosso.
8. Francesca *si è messa* la stola di seta.

TEST 2: Welches Wort passt nicht in die Reihe?

1. pantaloni
   * weil man die nicht essen kann.
2. cantuccini
   * weil man mit denen keine Nachrichten übermitteln kann.
3. guancia
   * weil die Wange nichts mit Geschichte und Geschichten zu tun hat.
4. botte
   * weil das Fass im Allgemeinen nicht zur Wohnungseinrichtung gehört.
5. aderente
   * weil „eng anliegend" keine Charaktereigenschaft ist.

TEST 3: Wie heißt's in der Vergangenheit?

1. Vito e Britta *si sono visti* per la prima volta.
2. Francesca *si è messa* una maglietta sexy.

3. Come *si è sviluppata* questa faccenda?
4. *Ci siamo capiti/e* al volo.
5. I bambini *si sono lavati* i denti.
6. Britta e Maria *si sono riviste* alla fiera.
7. Britta *si è occupata* di Mari e Stella.
8. Claudio e Piero *si sono visti* alla festa.
9. Francesca e Britta *si sono incontrate* al supermercato.

TEST 4: Drücken Sie's anders aus

1. Ci siamo capiti *al volo.*
2. Ho un *impegno* come hostess alla fiera.
3. *Raccontami* come si è sviluppata la faccenda.
4. Credo che Francesca sia *matta.*
5. Vito mi ha *telefonato* due giorni dopo.
6. Il vestito è troppo piccolo. Non è la mia *taglia.*

TEST 5: Richtig oder falsch?

	sì	no
1. Francesca è andata a cena con Vito.		✔
2. Claudio è diventato aggressivo.		✔
3. Maria ha un impegno alla fiera di Milano.	✔	
4. Vito e Britta si sono baciati.		✔
5. Verso mezzanotte Viro è andato al bar.		✔
6. Britta ha dato un bacio a Claudio.		✔

TEST 6: So ein Quatsch!

1. Le pappardelle si sono domandate: possiamo baciarci? / ci possiamo baciare?
2. Il vin santo si è messo una maglietta aderente.
3. A volte credo che il nostro armadio sia pazzo/matto.
4. Il vestito nero è volato.
5. Perché i cantuccini non si sono salutati? / Perché non si sono salutati i cantuccini?
6. Ho passato tre ore davanti allo specchio indeciso.

CAPITOLO 16

TEST 1: Behaupten Sie das Gegenteil!

1. Britta *non* ha *mai* ragione.
2. Stella *non* mangia *niente*.
3. Vito *non* va *più* al ristorante.
4. Claudio *non* conosce *nessuno*.
5. Francesca *non* mangia *nemmeno* una quaglia.
6. Britta *non* è *più* giovane.
7. Vito *non* s'interessa di *niente*.
8. Giuseppe *non* ha *nessuno*.
9. Vito *non* mi accompagna *mai* in macchina.

TEST 2: Bringen Sie Ordnung rein!

1. Britta non conosce nessuno come lui.
2. Non ho mangiato mai così bene. / Non ho mai mangiato così bene.
3. Francesca non ha nemmeno una vita indipendente.
4. Non sono più completamente libera.
5. Claudio non ha capito niente.
6. Purtroppo non posso più uscire.

TEST 3: Finden Sie das Gegenteil!

1. **f.** uscire – stare a casa
2. **e.** tutti – nessuno
3. **a.** donna sposata – single
4. **g.** deficiente – intelligente
5. **h.** sempre – mai
6. **d.** ottimo – pessimo
7. **c.** fresco – surgelato
8. **b.** emozionato – distanziato

TEST 4: Fehler raus!

1. Mari e Stella sono state più che *contente*.
2. La ringrazio ancora, ho *passato* una bellissima serata.
3. Francesca crede che Britta sia *innamorata* di Vito.
4. Lei ha fatto *un favore* a me e anche alle bimbe.
5. Vito mi ha dato solo un bacio sulla *guancia*.
6. Abbiamo mangiato *i cantuccini* con il vin santo.

TEST 5: Richtig oder falsch?

		sì	no
1.	Britta e Francesca sono nel corridoio.	✔	
2.	Vito è stato molto formale.		✔
3.	Francesca si è divertita al ristorante.		✔
4.	Vito s'interessa di molte cose.	✔	
5.	Piero richiama tra quindici minuti.	✔	
6.	Claudio chiama Francesca al cellulare.		✔

TEST 6: Wer übersetzt den Blödsinn?

1. Non ho mai mangiato mai un cellulare così/tanto squisito./Non ho mangiato mai un cellulare così/tanto squisito.
2. I baci non mi richiamano nemmeno.
3. Vito ed io siamo felici: abbiamo passato un bellissimo telefono.
4. Come? Le bambine/bimbe/ragazze non mangiano nemmeno un sms?

* sprich: esse emme esse. Umgangssprachlich sagt man auch "messaggino".

5. Ho una notizia interessante: la maglietta è innamorata di uno slip.
6. Britta si è messa un corridoio aderente.

CAPITOLO 17

TEST 1: Was geschieht nächste Woche?

1. Francesca Galli *andrà* al concerto.
2. Eros e Claudio si *divertiranno*.
3. Ti *racconterò* la fiaba della "Bella addormentata".
4. Francesca *odierà* Eros Rambozzotti.
5. Non *potremo* andare al concerto.
6. Venerdì non *avrò* tempo.
7. Britta si *divertirà* con Vito.
8. Non *crederete* all'ultima notizia.

TEST 2: Richtig oder falsch?

		sì	no
1.	Venerdì Claudio farà il turno di notte.	✔	
2.	Piero non potrà andare al concerto.		✔
3.	Eros Rambozzotti odia il turno di notte.		✔
4.	Piero si dà delle arie.	✔	
5.	Piero aspetterà la telefonata di Claudio.		✔

TEST 3: Wie gehören die Satzteile zusammen?

1. **b.** Venerdì io resterò a casa, e lei si divertirà con quel tipo.
2. **f.** Piero e Francesca si sono conosciuti alla festa.
3. **d.** Lei odia Eros Rambozzotti, ma ha accettato di andare al concerto.
4. **e.** Devo mettermi d'accordo con Britta e poi ti farò sapere.
5. **a.** Hai voglia di accompagnarmi al concerto?
6. **c.** L'amico non potrà andare al concerto perché è malato.

TEST 4: Füllen Sie die Lücken

1. A Cinzia interessa un bancario? – Sarà il *fascino* dei soldi.
2. Piero è un tipo *ridicolo* che si dà delle *arie.*
3. Sai, i loro problemi sono cose che non ci *riguardano.*
4. Venerdì Claudio farà il *turno* di notte.
5. Sei tu, Piero? Ti *richiamerò* tra quindici minuti.
6. *Per caso* ho sentito l'ultima telefonata.

TEST 5: Welche Präposition fehlt?

1. È in centro *per* fare acquisti.
2. Spero *di* non aver disturbato.
3. Sai, è un'amica che non vedo *da* tanto tempo.
4. Cara Maria, voglio tenerti *al* corrente.
5. Andiamo *al* ristorante toscano.
6. Claudio è appena tornato *dal* lavoro.
7. È un tipo che piace *a* Francesca.

TEST 6: So ein Quatsch!

1. Stasera le scarpe andranno al concerto con Piero. / Le scarpe andranno al concerto con Piero stasera.

   * Zeit- und Ortsangaben stehen am Satzanfang oder am Satzende.
2. Lo specchio e la principessa divorzieranno finalmente.
3. Devo assolutamente tenere al corrente le pappardelle. / Devo tenere assolutamente al corrente le pappardelle.
4. Il naso s(i)'annoierà con le calze sexy.

   * Apropos: In der Geschichte des *Capitolo 17* wächst Francesca die Nase. Das ist eine Anspielung auf *Pinocchio*, dem eine lange Nase wächst, wenn er lügt.
5. Saremo a casa perché faremo acquisti.
6. Il telefono deve mettersi d'accordo con il cellulare.

CAPITOLO 18

TEST 1: Was gibt's in der Glotze?

1. C'è il telegiornale dalle otto alle otto e mezzo/a.
2. C'è "Incantesimo" dalle nove alle undici.
3. C'è "L'eredità" dalle sette meno venti alle otto.
4. C'è una trasmissione dalle dieci alle undici e mezzo/a.
5. C'è una nuova puntata dalle sei alle otto meno un quarto/alle sette e tre quarti.
6. C'è "Derrick" dalle otto e un quarto alle nove e mezzo/a.

TEST 2: Wann kommt ihr zu Besuch?

1. Maria viene dal due al cinque dicembre.
2. La ragazza alla pari viene dal tre settembre al quindici febbraio.
3. Il principe viene dal quattro aprile al cinque maggio.
4. La mamma viene dal due al sette luglio.
5. Il bancario viene dal sei al quattordici ottobre.
6. Vito viene dal ventotto novembre al tredici dicembre.

TEST 3: Quiz-Show

1. **b.** Mariangela ha noleggiato il dvd fino al 29 novembre.
   * sprich: diwudi.
2. **a.** Britta vuole vedere "Incantesimo".
3. **c.** Stella e Mariangela vogliono guardare la tivù.

TEST 4: Verabredungen

1. Il ventotto novembre vado al concerto con Piero.
2. Il tre dicembre vado al ristorante con Maria.
3. Dal sette al nove agosto andiamo in vacanza con i nonni.
4. Alle nove Francesca va alla casa editrice.
5. Dalle tre alle cinque sarò in palestra.
   (Vorsicht: Präposition *in*!)
6. Il due luglio festeggio il mio compleanno.
   (Vorsicht: Beim Datum steht keine Präposition, nur der Artikel.)

TEST 5: Welches Wort passt nicht in die Reihe?

1. migliorare
* weil es nichts mit Essen oder der Zubereitung von Essen zu tun hat.

2. carciofo
* ist im Unterschied zu allen anderen essbar.

3. accomodarsi
* hat in diesem Liebesvokabular nichts verloren.

4. botte
* ist nicht essbar.

5. regalo
* Vorsicht, Falle: *Regalo* heißt nicht „Regal", sondern „Geschenk".

6. svegliare
* das einzige Wort, das nichts mit Kommunikation zu tun hat.

TEST 6: Wer übersetzt den Quatsch?

1. Abbiamo noleggiato i carciofi solo fino al nove dicembre.
2. Il dvd ha mangiato un piatto di pasta alle dieci e un quarto.
3. I pantaloni vogliono guardare la tivù alle sette e mezzo/a.
4. Dal tre al dieci marzo cucino solo gonne a pieghe.
5. Arielle, la sirenetta vuole vedere il telegiornale.
6. Alle nove c'è una trasmissione interessante per identi.

CAPITOLO 19

TEST 1: Sagen Sie's netter mit dem Konditional!

1. *Dovrei* ripartire sabato.
2. *Vorremmo* andare a vedere una mostra.
3. Ti *piacerebbe* prendere un cocktail?
* Vorsicht: Hier ist die 3. Person Singular gefragt, nicht die 2., denn es heißt ja: „Würde ES dir gefallen?", nicht: „Würdest DU dir gefallen?"

4. Mi *verresti* a prendere?
5. *Dovrei* andare brevemente alla fiera.
6. *Vorrei* portare i bagagli in albergo.

TEST 2: Füllen Sie die Lücken!

1. *Propongo* di andare prima a cena.
2. Non devo fare le ore *piccole.*
3. Stasera sono a tua *totale* disposizione.
4. *Vorrei* assolutamente vedere il Cenacolo.
5. Prendiamo un taxi per andare in un bar *carino.*
6. Potremmo andare a *visitare* un museo.

TEST 3: Was kann man unternehmen?

1. Potremmo fare un po' di shopping.
2. Vorremmo andare al cinema.
3. Vorrei visitare un museo.
4. Mi piacerebbe vedere una mostra.
5. Potresti andare in un bar molto carino.
6. Vorresti andare a prendere un cocktail?

TEST 4: Fehler raus!

1. Francesca *farebbe* finta di niente.
2. Maria *vorrebbe* assolutamente vedere il famoso Cenacolo di Leonardo.
3. Noi *potremmo* prendere un taxi per andare in un bar molto carino.
4. Io non *dovrei* fare le ore piccole perché domani c'è la fiera.
5. Tu mi *verresti* a prendere?
6. Ti *piacerebbe* andare al museo?

TEST 5: Richtig oder falsch?

	sì	no
1. Vito abita insieme ad altri due ragazzi.	✔	
2. Britta e Maria fanno le ore piccole.		✔
3. Maria riparte domenica pomeriggio.		✔
4. Maria vorrebbe portare i bagagli in albergo.	✔	
5. Britta e Maria vogliono anche spettegolare.	✔	

TEST 6: Wer übersetzt diesen Blödsinn?

1. La stazione centrale non vorrebbe fare le ore piccole.
2. Verresti a prendere il mio codino?
3. I miei bagagli fanno ottimi cocktails.
4. Vorremmo vedere il nuovo film di Leonardo da Vinci.
5. Propongo di andare a cena/cenare con il binario 20.

CAPITOLO 20

TEST 1: Einer oder alle?

1. Hai baciato il ragazzo? – Ho baciato tutti i ragazzi.
2. Hai visto il concerto di Rambozzotti? – Ho visto tutti i concerti di Rambozzotti.
3. Hai guardato la donna? – Ho guardato tutte le donne.
4. Hai mangiato la patatina? – Ho mangiato tutte le patatine.
5. Hai sentito la notizia? – Ho sentito tutte le notizie.
6. Hai letto la fiaba? – Ho letto tutte le fiabe.
7. Hai fissato l'appuntamento? – Ho fissato tutti gli appuntamenti.

TEST 2: Kennen Sie die Redewendungen?

1. **c.** Mi sta sullo stomaco. – Mi tormenta.
2. **b.** Ho preso una cotta per questo ragazzo. – Mi sono innamorata di questo ragazzo.
3. **a.** Non so che pesci pigliare. – Non so cosa fare.

TEST 3: Was gehört zusammen?

1. **c.** Tutta questa storia mi sta sullo stomaco.
2. **d.** Ho fissato il prossimo appuntamento per il 3 dicembre.
3. **e.** Vito è molto attento nei miei confronti.
4. **f.** Non sappiamo tutti e due come questa storia andrà avanti.
5. **b.** Devo dire che abbiamo passato una bellissima serata.
6. **a.** Ieri sera siamo stati al cinema.

TEST 4 : Nicht nur einer …

1. Siamo andati al cinema *tutti e tre.*
2. Hanno un problema *tutti e due.*
3. Guardano il film *tutti quanti.*
4. Non sanno *tutti e due* cosa fare.
5. Ho visto *tutti e cinque* i concerti di Eros.
6. Sono andati in centro *tutti e quattro.*

TEST 5: Auf Schmusekurs

1. Vito è molto dolce nelle sue carezze.
2. Mi ha accarezzato le mani ed il collo.
3. Mi ha baciato teneramente sulla bocca.
4. Mi ha dato un bacio mozzafiato.
5. Ci siamo baciati dolcemente.
6. Mi ha dato un bacio sulla guancia.

TEST 6: Wer übersetzt den Quatsch?

1. La mostra mi ha baciato teneramente sulla guancia.
2. I vicoli hanno fatto due chiacchiere con il portone. / I vicoli hanno chiacchierato un po' con il portone.
3. Tutti gli angoli si sono innamorati di Brad Pitt.
   (Der Artikel muss *gli* sein, da es sich um ein männliches Wort mit Vokalanfang im Plural handelt).
4. Mi ha salutato con un pollo mozzafiato.
5. Tutta la donna è da coltivazione biologica.

CAPITOLO 21

TEST 1: Für jedes Wetter gerüstet ...

1. a. Fa bel tempo. – Allora basta mettersi una stola di seta.
1. b. Fa bel tempo. – Allora facciamo una passeggiata a piedi.
2. d. Piove. – Allora andiamo a visitare una mostra.
3. d. Fa freddo. – Allora andiamo a visitare una mostra.
3. e. Fa freddo. – Allora bisogna mettersi un pullover.
3. f. Fa freddo. – Allora dobbiamo assolutamente comprare gli sci.
4. f. Nevica. – Allora dobbiamo assolutamente comprare gli sci.
4. b. Nevica. – Allora facciamo una passeggiata a piedi.
4. e. Nevica. – Allora bisogna mettersi un pullover.
5. a. Fa caldo. – Allora basta mettersi una stola di seta.
5. b. Fa caldo. – Allora facciamo una passeggiata a piedi.
5. c. Fa caldo. – Allora prendiamo un ombrellone.

* Vorsicht: *Ombrellone* ist der Sonnenschirm. Nicht verwechseln mit dem Regenschirm!

6. c. C'è il sole. – Allora prendiamo un ombrellone.
6. a. C'è il sole. – Allora basta mettersi una stola di seta.
6. b. C'è il sole. – Allora facciamo una passeggiata a piedi.
Mit etwas Phantasie sind verschiedene Kombinationen möglich. Vielleicht finden Sie auch noch welche?

TEST 2: Füllen Sie die Lücken!

1. Hai visto per caso le *previsioni* del tempo?
2. Fa freddo. Probabilmente arriverà anche la *neve.*
3. Maria lavora come *hostess* alla fiera.
4. Ti voglio far vedere Milano: il *duomo*, il teatro alla Scala.
5. La mia amica è *abituata* al caldo, al sole.
6. Quando fa freddo basta *coprirsi.*
7. Nel quartiere di Brera posso *indicarti* alcuni posti.

TEST 3: Richtig oder falsch?

		sì	no
1.	Claudio conosce un ristorantino nel quartiere di Brera.	✔	
2.	D'estate l'oste mette un forno fuori.		✔
3.	A "El nost' Milan" si spende molto.		✔
4.	Britta ha visto le previsioni del tempo.		✔
5.	Britta non è molto pratica del quartiere di Brera.	✔	
6.	Il ristorantino è piccolo dentro.	✔	

TEST 4: Wie heißt das Gegenteil?

1. g. sole – pioggia
2. e. dentro – fuori
3. a. sapere – credere
4. f. brutto – bello
5. b. fare pace – litigare
6. d. gonna – pantaloni
7. c. fermarsi – partire

TEST 5: Welcher Begriff passt nicht in die Reihe?

1. c'è il sole
   * denn alle anderen zeigen schlechtes Wetter an.
2. macchina
   * ist kein öffentliches Verkehrsmittel.

3. teatro
   * flimmert als einziges nicht über Bildschirm oder Kinoleinwand.
4. guidare
   * Autofahren hat wenig mit Küssen und Zärtlichkeit zu tun.
5. carciofo
   * gehört nicht ins Messegeschäft.

TEST 6: Wer übersetzt den Quatsch?

1. Fa così brutto tempo/Il tempo è così brutto, che l'oste mette dei tavolini fuori.
2. Prendiamo la metropolitana perché c'è il sole.
3. Il duomo è un po' fuori d'estate. / D'estate il duomo è un po' fuori.
4. La neve prende una cotta per il primario.
5. Tutti quanti hanno comprato un tavolo surgelato.

CAPITOLO 22

TEST 1: Der höfliche Hotelgast

1. *Prenderebbe* un mio documento?
2. Mi *aiuterebbe* a collegarmi in internet?
3. *Servirebbe* la colazione anche in camera?
4. Mi *chiamerebbe* un taxi?
5. *Sarebbe* possibile avere la tivù in camera?
6. Mi *porterebbe* la valigia?
7. Mi *prenoterebbe* un posto al ristorante?

TEST 2: Was im Hotel alles möglich ist

1. È possibile *guardare la tivù.*
   * Es genügt auch, wenn Sie *tv* schreiben.
2. È possibile *chiamare la reception. / telefonare alla reception.*
3. È possibile *fare colazione in camera.*
4. È possibile *annoiarsi.*
5. È possibile *innamorarsi del portiere.*
6. È possibile *chiamare il tecnico.*

TEST 3: Hoteltalk

1. Stasera mi *offriresti* la cena, Britta?
2. Compilerei questo modulo a *stampatello.*
3. *Sarebbe* possibile collegarsi in internet?
4. Per la colazione in camera si paga un piccolo *supplemento.*
5. La colazione in camera è un lusso *gradevole.*
6. Per andare al terzo piano prenderei *l'ascensore.*

TEST 4: Geheime Wünsche

1. Bacerei Vito dolcemente.
   * Vorsicht: Bei *baciare* entfällt das *i*, das beim Infinitiv *baciare* noch da ist.
2. Mangerei sempre la nutella.
   * Auch hier fällt das *i* weg – siehe Satz 1.
3. Comprerei una Ferrari.
4. Prenderei la colazione in camera.
5. Diventerei un primario.
6. Uscirei con una sirenetta.
7. Inviterei il portiere a cena.

TEST 5: Quiz-Show

1. **b.** Per avere la linea bisogna fare lo zero.
2. **c.** Maria deve scrivere a stampatello.
3. **a.** Per la colazione in camera si paga un supplemento.

TEST 6: Wer übersetzt diesen Blödsinn?

1. Servirebbe la colazione anche con il cap?
2. Vorrei prenotare il portiere per stasera.
3. Compilerebbe il mio portatile a stampatello?
4. La bella addormentata prenderebbe l'ascensore.
5. L'internet mi ha accarezzato teneramente/dolcemente.
6. Mi offriresti gentilmente un albergo?

CAPITOLO 23

TEST 1: Früher war alles besser

1. Una volta i clienti *ringraziavano.*
2. Una volta Maria non *fumava.*
3. Una volta tu mi *prendevi sul serio.*
4. Una volta io *mangiavo poco.*
5. Una volta ti *occupavi di letteratura.*
6. Una volta le bambine non *guardavano la tv.*
7. Una volta Britta non *mangiava la carne.*

TEST 2: Wie gehören die Satzteile zusammen?

1. **c.** Qualche anno fa tu non mangiavi la carne.
2. **d.** Una volta i clienti chiedevano gentilmente il catalogo.
3. **e.** Oggi prendono tutto senza chiedere e senza dire grazie.
4. **a.** Volevo farti vedere uno dei "nostri" posti.
5. **b.** Quando arriva il cameriere dobbiamo ordinare.

TEST 3: Wie sag ich's meinem Kellner?

1. **c.** Da bere? – Una bottiglia di Chianti.
2. **c.** Come primo? – Le pappardelle al ragù.

   * In Beispiel 2 wäre (aus deutscher Sicht) auch Antwort a. (*l'insalata mista*) möglich. Aber in Italien ist ein *primo* immer ein „Sattmacher": Nudeln, Reis, dicke Suppe ...
3. **a.** Prendete un dolce? – Sì, i cantuccini con il vin santo.

TEST 4: Füllen Sie die Lücken!

1. *Come* contorno ci sono le patate al forno.
2. Cosa volete *da* bere?
3. Raccontami piuttosto *della* tua vita a Milano.
4. Prendono l'ascensore e vanno *al* secondo piano.
5. Il ristorante è un po' piccolo *dentro.*
6. La fermata è vicino *all'*albergo di Maria.

   (Doppel-l, weil *albergo* mit Vokal anfängt).

TEST 5: Zurück in die Gegenwart

1. *Pratico* l'italiano.
2. Britta *vuole* invitare Maria.
3. *Conosci* la famiglia Galli.
4. *Mi sento* un robot.
5. Tutti *fumano.*
6. Maria *offre* sempre il caffè.

TEST 6: Wer übersetzt den Quatsch?

1. Prendo il portiere e(d) il cellulare come primo./Come primo prendo ...
2. Una volta i conigli guardavano la tivù.
3. I biscotti integrali prendevano sempre l'ascensore.
4. Vorrei mangiare un tecnico al ragù.
5. Una volta mangiavo solo (i) primari calvi.
6. Posso ordinare una carta d'identità?

CAPITOLO 24

TEST 1: Die Zeiten ändern sich

1. La Scala *era* un grande teatro.
2. Britta e Maria *erano* al duomo.
3. Io *ero* un giovincello.
4. Il bancario *era* alla fiera.
5. *Eri* in una situazione difficile.
6. Le ragazze *erano* in giro per Milano.

TEST 2: Richtig oder falsch?

	sì	no
1. Maria ha baciato Claudia Schiffer.		✔
2. Francesca è una donna sposata.	✔	
3. Maria legge da una guida turistica.	✔	
4. Piero era alla fiera.	✔	
5. Maria e Britta hanno visto Claudio al ristorante.		✔
6. Nei palchi della Scala si concludevano anche affari.	✔	

TEST 3: Bringen Sie die Satzteile in die richtige Reihenfolge!

1. I palchi erano un luogo dove si intrecciavano avventure amorose.
2. Adesso andiamo a visitare la pinacoteca ed il duomo.
3. Loro erano già qui quando noi siamo arrivate.(Quando noi siamo arrivate, loro erano già qui.)
4. Era alla fiera in compagnia di una bella ragazza. (La soluzione del problema potrebbe essere un' altra ragazza.)
5. Un'altra ragazza potrebbe essere la soluzione del problema. (La soluzione del problema potrebbe essere un'altra ragazza.)

TEST 4: Füllen Sie die Lücken!

1. Una volta tu non *fumavi*, ma adesso fumi!
2. Piero e Francesca *erano* già la ristorante quando noi siamo arrivate.
3. La Scala di Milano *era* un luogo per ascoltare musica.
4. Maria *leggeva* da una guida turistica.
5. Una volta i clienti *chiedevano* gentilmente il catalogo.
6. Alla fiera io gli *offrivo* sempre il caffè.

TEST 5: Lassen Sie kein gutes Haar an Ihrer Rivalin!

1. È bella? – No è brutta!
2. È simpatica? – No, è insopportabile!
3. È interessante? – No, è noiosa!
4. È famosa? – No, è sconosciuta!
5. È spiritosa? – No, è deficiente!
6. È normale? – No, è matta!
7. È giovane? – No, è vecchia!

TEST 6: So ein Quatsch!

1. Tu eri un luogo dove si concludevano affari.
2. Una volta la pinacoteca era così felice!
3. La coscienza sporca aveva una ragazza alla pari.
4. Il bancario aveva un'altra fiera: più giovane, più bionda, più alta!
5. Ti giuro: eravamo in compagnia di una gonna a pieghe!

CAPITOLO 25

TEST 1: Wie heißt das Adverb?

1. Britta ha imparato *velocemente* come si cucina.
2. Mi devi spiegare *dettagliatamente* come arrivo a casa tua.
3. Mamma mia! Sbaglierò *clamorosamente* strada.
4. Benvenuta a Milano, Maria! *Finalmente* La conosco!
5. Ma come parli *bene* l'italiano, Britta!
6. *Normalmente* prendo la metropolitana.
7. Ho spiegato *brevemente* a Britta come si fa la pasta.

TEST 2: Beschreiben Sie den Weg zu Britta

4. Dall'albergo prendi la metropolitana
1. scendi alla quinta fermata
3. vai su per le scale
6. attraversi piazzetta Rienzi
5. vai diritto per via Goldoni
7. la seconda a destra è via Gozzi
2. noi abitiamo al numero 25.

TEST 3: Wie gehören die Satzteile zusammen?

1. **e.** L'altro ieri avevo mal di testa perché ho bevuto troppo.
2. **c.** Forse non ho digerito i peperoni che abbiamo mangiato a "El nost' Milan".
3. **d.** Devo prendere gli appunti, se no sbaglierò clamorosamente strada.
4. **a.** Signorina Maria, tra poco conoscerà anche mia moglie.
5. **b.** Dopo la visita del centro Britta e Maria si salutano davanti all'hotel.

TEST 4: Fehler raus!

1. Maria non ha digerito *bene* i peperoni.
2. Gli spaghetti sono *totalmente* scotti.
3. Forse non ho *digerito* i peperoni.
4. Ho preparato un *primo* e un secondo.
5. Britta prepara una *cena* speciale solo per Maria.
6. Abbiamo mangiato molto *male* al ristorante.

TEST 5: Richtig oder falsch?

		sì	no
1.	Il fidanzato di Maria è a Roma.		✔
2.	Maria teme di non poter mangiare tanto.	✔	
3.	Britta prega tutti di sedersi.	✔	
4.	Stella mette gli antipasti in tavola.		✔
5.	Maria si alza e va in bagno.	✔	
6.	Claudio ha mal di pancia.		✔

TEST 6: Wer übersetzt den Blödsinn?

1. Forse non abbiamo digerito tua moglie.
   * Die Ehefrau steht nur mit Possessivpronomen, wie hier „*tua*". Da sie eine Verwandte ist und in der Einzahl steht, bekommt sie keinen Artikel.
2. La metropolitana ha mal di pancia.
3. Sinceramente la cucina non sta tanto/molto bene. – La cucina, sinceramente, non sta tanto bene.
4. Gli antipasti si alzano e vanno in bagno.
5. I peperoni scendono alla quinta fermata.

CAPITOLO 26

TEST 1: Was machen die Personen gerade?

1. Maria *sta vomitando.*
2. Britta sta *parlando* con Vito.
3. Claudio e Britta *stanno assistendo* Maria.
4. Claudio *sta facendo* la corte a Maria.
5. Tu, cosa *stai facendo*?
6. E voi due? Cosa *state dicendo*?
7. Io *sto guardando* la poveretta.

TEST 2: Konsequenzen

1. **d.** Sono in ritardo perché c'era stato un traffico micidiale.
2. **e.** Francesca è triste perché Piero ha un'altra.
3. **c.** Suona il campanello e Francesca va ad aprire la porta.
4. **a.** Britta è in cucina perché prepara una cena speciale.
5. **f.** Maria va in bagno perché sta male.
6. **b.** Ti devi coprire perché fa freddo.

TEST 3: Spielen Sie Doktor

1. d. Ho mal di testa perché ho bevuto troppo.
– Allora prenda un'aspirina e si stenda sul divano.
2. e. Probabilmente vomito perché non ho digerito i peperoni.
– Non credo, i peperoni possono al limite provocare la pirosi.
3. c. Ho vomitato. Credo di avere un virus.
– Allora le prescrivo delle gocce e delle pastiglie.
4. a. Sono ingrassata e sono sempre stanca.
– Dovrebbe andare in palestra e stare a dieta.
5. b. Sono sempre triste. Forse ho una depressione.
– Le consiglio di andare da uno psicologo.

* uno *psicologo*, weil *un psicologo* für italienische Zungen nicht zu verkraften ist: zu viele Konsonanten hintereinander.

TEST 4: Welches Wort passt nicht in die Reihe?

1. affare
* weil ein Geschäft nichts mit Krankenhaus und Kranksein zu tun hat.
2. camicetta
* weil eine Bluse nicht zu den Kommunikationsmitteln gehört.
3. porta
* weil sie kein Möbelstück ist.
4. palestra
* weil man die Turnhalle nicht essen kann.

TEST 5: Füllen Sie die Lücken!

1. Mangeremo a mezzanotte, solo noi due, *a lume di candela.*
2. Andiamo in *farmacia* e prendiamo le medicine per Maria.
3. Purtroppo non è la serata come l'avevo *immaginata.*
4. Britta e Claudio *stanno* assistendo Maria.
5. Forse hai mangiato qualcosa che era *andato a male.*

TEST 6: So ein Quatsch!

1. (Ma) Come sei romantico, Vito! Vomiti/Stai vomitando a lume di candela.
2. Le prescriverò un divano e due patatine (fritte).
3. Il portatile sta andando in bagno.
4. Posso buttare via tutto il mal di pancia.
5. Il vecchio bacucco sta parlando con la pirosi.

CAPITOLO 27

TEST 1: Erste Hilfe – was wird gebraucht?

1. Hai bisogno del pronto soccorso?
– Sì, ne ho bisogno./No, non ne ho bisogno.
2. Britta ha bisogno di una medicina?
– Sì, ne ha bisogno./No, non ne ha bisogno.
3. Avete bisogno dei vigili del fuoco?
– Sì, ne abbiamo bisogno./No, non ne abbiamo bisogno.
4. Hai bisogno della polizia?
– Sì, ne ho bisogno./No, non ne ho bisogno.
5. Maria ha bisogno di una farmacia?
– Sì, ne ha bisogno./No, non ne ha bisogno.
6. Avete bisogno di aiuto?
– Sì, ne abbiamo bisogno./No, non ne abbiamo bisogno.

TEST 2: Probleme mit dem Bankautomaten

4. Metto la carta dentro,
2. il bancomat mi chiede il codice segreto,
1. poi mi ridà la carta,
3. c'è scritto:
6. prelievo momentaneamente impossibile,
5. ritiri la carta
7. entro 10 secondi.

TEST 3: Quiz-Show

1. c. Dove troveremo un bancomat? – Lo troverete strada facendo.
2. a. Dove trovo la pagina con le farmacie? – Dove c'è scritto "numeri utili".
3. b. Britta e Vito devono andare in farmacia.

TEST 4: Beantworten Sie alle Fragen mit ja

1. Vai al bancomat? – Sì, ci vado.
2. Pensi alle medicine? – Sì, ci penso.
3. Andate in albergo? – Sì, ci andiamo.
4. Francesca è a casa? – Sì, è a casa.
5. Vito e Britta vanno al pronto soccorso? – Sì, ci vanno.

TEST 5: Richtig oder falsch?

	sì	no
1. Claudio partirà domani pomeriggio.		✔
2. Maria deve prendere le sue medicine.	✔	
3. Claudio ritira la mano entro 10 secondi.		✔
4. Claudio vuole accompagnare Maria in albergo.	✔	
5. Maria si sente debole e deve dormire.	✔	

TEST 6: Wer übersetzt den Quatsch?

1. Maria non lo trova male, il bancomat.
2. I vigili del fuoco sono ancora sul divano.
3. Guardiamo quale ricetta è di turno oggi.
4. Il codice segreto ha bisogno delle sue pastiglie? – Ci penso (io)!
5. Hai bisogno di una stazione centrale? – Ce n'è una in piazza.

CAPITOLO 28

TEST 1: Wenn einem nach nix zumute ist

1. Te la senti di partire? – No, non me la sento.
2. Ve la sentite di fare un giro? – No, non ce la sentiamo.
3. Vito se la sente di andare a Palazzo Reale? – No, non se la sente.

* *Palazzo Reale:* eigentlich „Königspalast". Befindet sich in Mailand. Dort finden große Ausstellungen statt.

4. Te la senti di fare la spesa? – No, non me la sento.
5. Ve la sentite di mangiare al ristorante? – No, non ce la sentiamo.
6. Maria se la sente di mangiare un dolce? – No, non se la sente.
7. Te la senti di andare a vedere una mostra? – No, non me la sento.

TEST 2: Mit dem Zug unterwegs

1. Guardo un attimo in internet per vedere *l'orario.*
2. C'è *l'Eurostar* delle 11.53.
3. Ma ci sarebbe anche un *intercity* che parte alle 13.20.
4. Bisogna ad ogni modo fare una *prenotazione.*
5. Per l'Eurostar la prenotazione è *obbligatoria.*
6. A che ora vorresti *partire*?

TEST 3: Das schaffen wir doch!

1. Ce la fai a salire sul treno? – Ma sì, ce la faccio!
2. Ce la fate a portare la macchina in officina? – Ma sì, ce la facciamo!
3. Stella e Mari ce la fanno a fare la spesa per me? – Ma sì, ce la fanno!
4. Francesca ce la fa a dimenticare Piero? – Ma sì, ce la fa!
5. Ce la fai a preparare la colazione? – Ma sì, ce la faccio!
6. Ce la fate a collegarvi in internet? – Ma sì, ce la facciamo!

TEST 4: Was machen sie Schönes?

1. e. Che cosa fate di bello? – Andiamo a Palazzo Reale.
2. c. Che cosa fai di bello? – Guardo la tivù.
3. a. E Maria? Che cosa fa di bello? – Si collega in internet.
4. b. Vito e Britta? Che cosa fanno di bello? – Vanno al cinema.
4. d. Vito e Britta? Che cosa fanno di bello? – Vanno a visitare la Scala.
5. d. E Maria e Britta? Che cosa fanno di bello? – Vanno a visitare la Scala.
5. b. E Maria e Britta? Che cosa fanno di bello? – Vanno al cinema.

* Die Alternativlösungen in den Beispielen 4 und 5 sind grammatikalisch zwar möglich, aber inhaltlich nicht zutreffend.

TEST 5: Richtig oder falsch?

		sì	no
1.	Vito e Britta vogliono andare al cinema.	✔	
2.	Per il cinema la prenotazione è obbligatoria.		✔
3.	Maria parte insieme a Hugh Grant.		✔
4.	Vito non ha voglia di andare alla mostra.	✔	
5.	Vito è in divieto di sosta.	✔	

TEST 6: So ein Quatsch!

1. Che cosa danno al cinema? – Non lo so, ma guardiamo sul binario.
2. Perché non parcheggiamo Hugh Grant in centro?
3. No, senza il virus non ce la faccio.
4. Aiuto! Il vigile parte. – Sali, (su), ce la fai!

* Der *vigile* ist ein Verkehrspolizist, ansonsten heißen Polizisten *poliziotti*.

5. Non me la sento di essere in divieto di sosta.

CAPITOLO 29

TEST 1: Verteilen Sie die Weihnachtsgeschenke

1. La sciarpa è per Claudio? – No, la sciarpa è per te.
2. Il soprammobile è per Maria? – No, il soprammobile è per lui.
3. I guanti sono per la mamma? – No, i guanti sono per me.
4. I libri sono per i bambini? – No, i libri sono per voi.
5. La marmellata è per Vito? – No, la marmellata è per lei.
6. Il vino è per Francesca? – No, il vino è per te.
7. I pantaloni sono per Mari? – No, i pantaloni sono per loro.

TEST 2: Fehler raus!

1. In quanto *ai* regali di Natale devo dirti che non è facile.
2. Tu non avresti per caso un *suggerimento*?
3. Io personalmente *detesto* i soprammobili.
4. Perché non prendi qualcosa di lana: una bella *sciarpa*?
5. Potrei regalarti un bel *paio* di guanti.
6. Sabato mi ha *addirittura* chiesto cosa desidero per Natale.

TEST 3: Was gehört zusammen?

1. **h.** la cassetta delle lettere
2. **d.** una sciarpa di lana
3. **i.** i regali per Natale
4. **a.** la recita di Natale
5. **g.** un soggiorno a Milano
6. **c.** il flauto dolce
7. **b.** una guida turistica
8. **e.** la gonna a pieghe
9. **f.** la ragazza alla pari

TEST 4: Bringen Sie Ordnung rein

1. Vito mi ha addirittura chiesto cosa desidero per Natale.
2. Io personalmente detesto i soprammobili.
3. Quante volte vuoi ripetere "Tu scendi dalle stelle"?
4. Posso dirti che mi sono completamente ripresa.
5. Mi dici quale regalo vorresti per Natale?

TEST 5: Quiz-Show

1. **b.** Claudio vuole regalare alla moglie un profumo.
2. **c.** Stella sta suonando il flauto dolce.
3. **a.** Quando Britta pensa ai regali le vengono le vertigini.

TEST 6: Wer übersetzt diesen Blödsinn?

1. A Natale la Barbie scende dalle stelle.
2. La marmellata si è completamente ripresa./si è ripresa completamente.
3. La sensualità sta suonando il flauto dolce.
4. Il profumo è per l'olio d'oliva, non per te.
5. Ecco, una stola di seta per lui e una recita di Natale per me.

CAPITOLO 30

TEST 1: Richtig oder falsch?

		sì	no
1.	La storia tra Francesca e Piero è finita.	✔	
2.	Francesca desidera una stola di seta.		✔
3.	Britta andrà in Germania a Natale.	✔	
4.	Claudio regala un profumo a sua moglie.		✔
5.	Claudio porterà un pacchetto all'ufficio postale.	✔	

TEST 2: Wie gehören die Teile zusammen?

1. **c.** Mari desidera il videogioco che ha visto in un negozio del centro.
2. **d.** I bambini sono andati a casa con i regali per i loro genitori.
3. **e.** Mariangela non vede l'ora di avere i regali.
4. **b.** La mamma ha comprato un panettone per Britta.
5. **a.** Stella è molto contenta perché ha suonato bene il flauto.

TEST 3: Welches Wort passt nicht in die Reihe?

1. freddo

   * weil „kalt" nicht zur Familie gehört.
2. peperone

   * weil die Paprika nicht zu Weihnachten passt.

3. portatile

* weil der Laptop keine Medizin ist.

4. amante

* weil Geliebte in einer Ehe nichts zu suchen haben sollten.

TEST 4: Setzen Sie die richtige Präposition ein

1. Britta andrà in Germania *dai* suoi genitori.
2. Vogliamo festeggiare l'ultimo *dell'*anno insieme.
3. Ma cosa voglio *da* Claudio?
4. Devo fare la valigia *per* andare a casa.
5. Il cinque gennaio devo tornare *a* Milano.
6. Oggi c'è stata la recita di Natale *all'*asilo.

TEST 5: Komische Weihnachten

1. Abbiamo festeggiato Natale all'/nell'ufficio postale.
2. Babbo Natale ha mangiato il mio panettone.
3. Il videogioco ha aperto una bottiglia di champagne.
4. I miei genitori mi hanno regalato un vecchio bacucco.
5. I cantuccini si sono baciati.

Zahlen und Kalender

Numeri e date

Von Eins bis eine Million

1 uno
2 due
3 tre
4 quattro
5 cinque
6 sei
7 sette
8 otto
9 nove
10 dieci
11 undici
12 dodici
13 tredici
14 quattordici
15 quindici
16 sedici
17 diciassette
18 diciotto
19 diciannove
20 venti
21 ventuno
22 ventidue
23 ventitré
24 ventiquattro
25 venticinque
26 ventisei
27 ventisette
28 ventotto

29	ventinove
30	trenta
31	trentuno ...
40	quaranta
50	cinquanta
60	sessanta
70	settanta
80	ottanta
90	novanta
100	cento
200	duecento
300	trecento ...
1000	mille
2000	due mila
5000	cinquemila
10.000	diecimila
100.000	centomila
1.000.000	un milione

Zahlen aufbauen	Zum Beispiel 2357
1. 1000er	duemila=
2. 100er	trecento=
3. 10er	cinquanta=
4. 1er	sette

Die Zehner (vent**i**, trent**a**, quarant**a** ...) verlieren ihren Endvokal (**i** oder **a**), wenn **uno** oder **otto** drangehängt wird:
vent**i**
vent**uno**
vent**i**due, vent**i**tré ...
vent**otto**
vent**i**nove

Bei einem Tausend heißt es **mille** (mit Doppel-l), sobald es mehrere Tausend sind, heißt es **mila** (mit einem l). Auch **milione** wird nur mit einem l geschrieben.
1000 = mi**ll**e
aber:
2000 = duemi**l**a
3000 = tremi**l**a
4000 = quattromi**l**a

Ordnungszahlen

1. primo
2. secondo
3. terzo
4. quarto
5. quinto
6. sesto
7. settimo
8. ottavo
9. nono
10. decimo

Wochentage

lunedì	Montag
martedì	Dienstag
mercoledì	Mittwoch
giovedì	Donnerstag
venerdì	Freitag
sabato	Samstag
domenica	Sonntag

Die Wochentage werden meistens ohne Artikel benutzt:
Giovedì vado in centro. Donnerstag gehe ich in die Stadt.

Der Artikel wird nur dann gebraucht, wenn eine Handlung regelmäßig an einem bestimmten Wochentag stattfindet:
Il *giovedì vado al corso d'italiano.*
Donnerstags gehe ich zum Italienischkurs.

Die Wochentage haben alle den männlichen Artikel **il**. Nur domenica ist weiblich und hat den Artikel **la**.

Monatsnamen

gennaio	Januar
febbraio	Februar
marzo	März
aprile	April
maggio	Mai
giugno	Juni
luglio	Juli
agosto	August
settembre	September
ottobre	Oktober
novembre	November
dicembre	Dezember

Die Monatsnamen werden mit der Präposition **a** oder **in** benutzt:

a gennaio	im Januar
in gennaio	im Januar

Das Datum wird mit **Artikel + Grundzahl** angegeben. Nur der Monatserste bekommt die Ordnungszahl:

il quattro dicembre, l'otto febbraio
il due marzo, l'undici aprile
aber:
il primo agosto

Besonderheiten bei Verben

Particolarità di alcuni verbi

Regelmäßige Verben auf -are

1. **Verben auf -care (dimenticare) + -gare (pagare)** bekommen im Präsens in der 2. Person Singular und in der 1. Person Plural ein **h** eingefügt, damit die Aussprache erhalten bleibt, z. B.:

(tu) dimentic**hi**	(noi) dimentic**h**iamo
(tu) pag**hi**	(noi) pag**h**iamo

   Das **h** wird im Futur, Konditional oder Konjunktiv bei allen Formen eingefügt:

Futur	**Konditional**	**Konjunktiv**
dimentic**h**erò	dimentic**h**erei	dimentic**hi**
pag**h**erò	pag**h**erei	pag**hi**

2. **Verben auf -ciare (cominciare) + -giare (mangiare)** bekommen im Präsens in der 2. Person Singular **nur ein i**
   (tu) cominci
   (tu) mang**i**

   im Futur und im Konditional gar **kein i**:

comin**ce**rò	comin**ce**rei
man**ge**rò	man**ge**rei

3. Im Futur und im Konditional wird aus dem **a** der **Verben auf -are** ein **e**:

compr**a**re	compr**e**rò	compr**e**rei

Regelmäßige Verben auf -ere

Bei der Konjugation der Verben auf **-cere** und **-gere** passt sich die Aussprache den nachfolgenden Vokalen der Endungen an, z. B.:

leg**go** (sprich: leggo)
leg**gi** (sprich: ledschi)
cono**sco** (sprich: conosko)
cono**sci** (sprich: conoschi)

Regelmäßige Verben auf -ire

Es gibt Verben auf **-ire** mit und ohne Stammerweiterung. Bei Verben mit Stammerweiterung passt sich die Aussprache den nachfolgenden Vokalen der Endungen an, z. B.:

Mit Stammerweiterung (**isc**)	Ohne Stammerweiterung
capire	**sentire**
cap**isc**o (sprich: capisko)	sento
cap**isc**i (sprich: capischi)	senti
cap**isc**e (sprich: capische)	sente
capiamo	sentiamo
capite	sentite
cap**isc**ono (sprich: capiskono)	sentono

Welche Verben eine Stammerweiterung haben und welche nicht, lässt sich am Verb selbst nicht erkennen. Im Vokabelglossar sind Verben mit Stammerweiterung mit **isc** gekennzeichnet.

Unregelmäßige Verben

Einige unregelmäßige Verben sind hier im Präsens konjugiert. Die darunter stehende Bezifferung (1, 2, 3, 4) bezeichnet die folgenden Zeiten:

1. **Partizip Perfekt**
2. **Imperfekt** (1. Person Sg.)
3. **Futur** (1. Person Sg.)
4. **Konditional** (1. Person Sg.)
5. **Konjunktiv** (1. Person Sg.)

a hinter dem Partizip Perfekt bedeutet, dass es mit **avere** gebildet wird, **e** steht für die Verbindung mit **essere**.

andare (gehen, fahren)
vado
vai
va
andiamo
andate
vanno

1. andato (e)
2. andavo
3. andrò
4. andrei
5. vada

avere (haben)
ho
hai
ha
abbiamo
avete
hanno

1. avuto (a)
2. avevo
3. avrò
4. avrei
5. abbia

bere (trinken)
bevo
bevi
beve
beviamo
bevete
bevono

1. bevuto (a)
2. bevevo
3. berrò
4. berrei
5. beva

dare (geben)
do
dai
dà
diamo
date
danno

1. dato (a)
2. davo
3. darò
4. darei
5. dia

dire (sagen)
dico
dici
dice
diciamo
dite
dicono

1. detto (a)
2. dicevo
3. dirò
4. direi
5. dica

dovere (müssen, sollen)
devo
devi
deve
dobbiamo
dovete
devono

1. dovuto (a + e)
2. dovevo
3. dovrò
4. dovrei
5. debba

essere (sein)
sono
sei
è
siamo
siete
sono

1. stato (e)
2. ero
3. sarò
4. sarei
5. sia

fare (machen)
faccio
fai
fa
facciamo
fate
fanno

1. fatto (a)
2. facevo
3. farò
4. farei
5. faccia

piacere (gefallen)
piaccio
piaci
piace
piacciamo
piacete
piacciono

1. piaciuto (e)
2. piacevo
3. piacerò
4. piacerei
5. piaccia

potere (können)
posso
puoi
può
possiamo
potete
possono

1. potuto (a + e)
2. potevo
3. potrò
4. potrei
5. possa

proporre (vorschlagen)
propongo
proponi
propone
proponiamo
proponete
propongono

1. proposto (a)
2. proponevo
3. proporrò
4. proporrei
5. proponga

rimanere (bleiben)
rimango
rimani
rimane
rimaniamo
rimanete
rimangono

1. rimasto (e)
2. rimanevo
3. rimarrò
4. rimarrei
5. rimanga

salire (hochgehen)
salgo
sali
sale
saliamo
salite
salgono

1. salito (e)
2. salivo
3. salirò
4. salirei
5. salga

sapere (wissen, können)
so
sai
sa
sappiamo
sapete
sanno

1. saputo (a)
2. sapevo
3. saprò
4. saprei
5. sappia

scegliere (auswählen)
scelgo
scegli
sceglie
scegliamo
scegliete
scelgono

1. scelto (a)
2. sceglievo
3. sceglierò
4. sceglierei
5. scelga

sedersi (sich setzen)	tenere (halten)	venire (kommen)
mi siedo	tengo	vengo
ti siedi	tieni	vieni
si siede	tiene	viene
ci sediamo	teniamo	veniamo
vi sedete	tenete	venite
si siedono	tengono	vengono
1. seduto (e)	1. tenuto (a)	1. venuto (e)
2. sedevo	2. tenevo	2. venivo
3. siederò	3. terrò	3. verrò
4. siederei	4. terrei	4. verrei
5. sieda	5. tenga	5. venga
stare (sein, bleiben)	**uscire (ausgehen)**	**volere (wollen)**
sto	esco	voglio
stai	esci	vuoi
sta	esce	vuole
stiamo	usciamo	vogliamo
state	uscite	volete
stanno	escono	vogliono
1. stato (e)	1. uscito (e)	1. voluto (a)
2. stavo	2. uscivo	2. volevo
3. starò	3. uscirò	3. vorrò
4. starei	4. uscirei	4. vorrei
5. stia	5. esca	5. voglia

Zusätzlich ein paar unregelmäßige Partizip-Perfekt-Formen: Einige dieser Partizip-Perfekt-Formen finden Sie zusätzlich auch in der Liste „Vocaboli".

aprire: aperto
chiedere: chiesto
conoscere: conosciuto
convincere: convinto
coprire: coperto
decidere: deciso
discutere: discusso
leggere: letto
mettere: messo
nascere: nato
perdere: perso
piacere: piaciuto
piangere: pianto
prendere: preso
scendere: sceso
scrivere: scritto
spendere: speso
succedere: successo
vedere: visto

Glossario

In diesem Glossar finden Sie – alphabetisch sortiert – die Vokabeln aller 30 Kapitel. Selbstverständlich ersetzt diese Vokabelliste kein Wörterbuch, da als Übersetzung immer nur die Bedeutung aus dem jeweiligen Kontext angegeben wird. Sofern Substantive (Hauptwörter) an der Endung nicht zu erkennen sind, steht bei Maskulina (männlichen Wörtern) in Klammern ein **m** dahinter, bei Feminina (weiblichen Wörtern) ein **f**. Erscheint die Vokabel im Plural (Mehrzahl), ist das mit der Abkürzung **Pl**. kenntlich gemacht. **qc**. steht für *qualcosa* (etwas) oder *qualcuno* (jemand). Ein **(isc)** hinter einem -ire-Verb bedeutet, dass dieses Verb mit erweitertem Stamm konjugiert wird. Die Zahl hinter jeder Vokabel gibt an, in welchem Kapitel sie vorkommt.

a presto!
auf bald! (9)
abbastanza
ziemlich (4)
abbracciare
umarmen (9)
abitare
wohnen (2)
abituarsi a
sich gewöhnen an (21)
abitudine (f)
Gewohnheit (5)
accanto (a)
nebenan (8)
accarezzare
streicheln (20)
accettare
annehmen (9)
accogliente
gemütlich (3)
accomodarsi
Platz nehmen, nähertreten (2)
accompagnare
bringen, begleiten (3)
acqua minerale (f)
Mineralwasser (23)
acquisto
Einkauf (17)
addirittura
sogar (29)
aderente
(eng) anliegend (15)
adesso
jetzt (2)
adulto
Erwachsener (18)
affare (m)
Geschäft (24)
affascinato da
fasziniert von (9)
affatto, non ... ~
überhaupt nicht (26)
aiutare
helfen (1)
aiuto
Hilfe (1)
albergo
Hotel (19)
allacciare
(zu-)binden (5)
allora
also (1)

alto
groß, hoch (8)
altro ieri, l'~
vorgestern (25)
altro; ~?
andere/s/r (4); noch was? (7)
alzarsi
aufstehen (25)
amica
Freundin (14)
amico
Freund (8)
amoroso
Liebes ... (24)
anche
auch (1)
ancora
noch (2)
andare a finire
ausgehen, zu Ende gehen (15)
andare a prendere
abholen (21)
andare
gehen (2)
andato a male
verdorben (26)
angolo
Ecke (20)
anno
Jahr (2)
annoiarsi
sich langweilen (17)
antipasto
Vorspeise (25)
anzi
vielmehr (22)
appena
gerade (17)
appuntamento
Termin (6); **fissare un ~** eine Verabredung treffen
appunti (m, Pl.)
Notizen (25); **prendere (gli) ~** Notizen machen (25)
aprire
öffnen (1)
armadio
Schrank (14)
arrivare
kommen, ankommen (5)
arte (f)
Kunst (28)
ascensore (m)
Aufzug (22)
ascoltare
zuhören, hören (20)
asilo
Kindergarten (4)
aspettare
warten, erwarten (17)
assistere
zur Seite stehen (26)
assolutamente
unbedingt (15)
assumere qc.
jemanden einstellen (2)
attento
vorsichtig (9); aufmerksam (20)
attimo
Moment, Augenblick (28)
attraversare
überqueren (25)
augurio
Glückwunsch (10)
autista (m+f)
Fahrer/in (6)
autorità
Autorität (8)
avanti
weiter (7); vorwärts (20)
avere
haben (1)
avventura
Abenteuer (20)

Babbo Natale
Weihnachtsmann (30)
babbo
Papa (30)
baciarsi
sich küssen (15)
bacio
Kuss (13)
bacucco (vecchio)
(alter) Knacker (10)
bagaglio
Gepäck (19)
bagno
Bad (4)
bambina
Mädchen; Kind (1)
bambino
kleiner Junge, Kind (12)
bancario
Bänker (8)
bancomat (m)
Geldautomat (27)
barca a vela
Segelboot (12)

bastare
genügen, ausreichen (3)
beato
glücklich (16)
bella, la ~ addormentata
Dornröschen (13)
bello, che ,~!
wie schön!
benvenuto
willkommen (11); **dare il** ~ willkommen heißen (10)
bere
trinken (5)
bicchiere (m)
Glas (5)
biglietto
Fahrkarte (6), (Eintritts-) Karte (17)
bimba
kleines Mädchen (14)
binario
Gleis (19)
biondo
blond (24)
biscotto integrale
Vollkornkeks (7)
biscotto
Keks (5)
bisogna
man muss (1)
bisogno, avere ~ di
brauchen (1)
bocca
Mund (20)
bolletta del telefono
Telefonrechnung (1)
botte (f)
Fass (8)
bottiglia
Flasche (23)
bravo
gut, tüchtig (4)
brevemente
kurz (19)
brindare a
trinken auf (11)
brutto
schlecht, hässlich (21)
buffet (m)
Buffet (10)
bugia
Lüge (20)
buttare via
wegwerfen (26)

c'è
da ist, da gibt's (3)
cacciatora, alla ~
nach Jägerart (23)
caffè (m)
Kaffee (Espresso) (2)
caldo
warm (5)
calvo
glatzköpfig, kahl (8)
calza
Strumpf (17)
cambiare idea
Meinung ändern (15)
cambiato
verändert (23)
camera
Zimmer (4)
cameriere (m)
Kellner (23)
camicetta
Bluse (14)
campanello
Klingel (26)
suona il ~
es klingelt (26)
cantare
singen (11)
cantina
Keller (4)
cantuccini (m, Pl.)
tosk. Mandelgebäck (15)
caotico
chaotisch (4)
CAP (m)
Postleitzahl (22)
capelli (m, Pl.)
Haare (12)
capire (isc)
verstehen (2)
capo
Chef (22)
carbonara, alla ~
nach Köhlerart (4)
carciofo
Artischocke (18)
carezza
Zärtlichkeit (20)
carino
hübsch (8)
carne (f)
Fleisch (23)
caro
lieb (1)
carta d'identità
Personalausweis (22)
carta
Karte (27)

casa editrice
Verlag (1)
casa, ~
Wohnung, Haus (2); **di ~** Haus ... (1); **a ~** nach / zu Hause (8)
caso, per ~
zufällig (17)
cassetta delle lettere
Briefkasten (1)
castello
Festung (24); Schloss
catalogo
Katalog (23)
cattivo
schlecht (12); gemein (30)
cellulare (m)
Handy (9)
cena;
Abendessen (8); **a ~** zum Abendessen (13)
cenacolo
Abendmahl (19)
cenare
zu Abend essen (7)
centomila
hunderttausend (6)
cercare
suchen (1); versuchen (7)
certamente
sicherlich (11)
certificato
Zeugnis (2)
certo
sicher, gewiss (1)
champagne (m)
Champagner (10)
chiamarsi
heißen, sich nennen (1)
chiaro
hell (12)
chiave (f)
Schlüssel (6)
chiedere a
fragen, verlangen (6)
chiesto
gefragt (29)
chilo
Kilo (7)
ci
da (1), daran (3), uns (2)
cioccolata
Schokolade (20)
cioè
das heißt (11)
citare
zitieren (3)
citazione (f)
Zitat
città
Stadt (4)
clamoroso
entsetzlich, wahnsinnig (6)
classico
Klassiker; klassisch (3)
cliente (m+f)
Kunde/Kundin (23)
clinica
Klinik (3)
codice segreto (m)
Geheimzahl (27)
codino
Pferdeschwänzchen, Zöpfchen (12)
cognome (m)
Nachname (22)
colazione (f), (prima)
Frühstück (3)
collegarsi (in internet)
sich anschließen (ans Internet) (22)
collo
Hals (20)
colpa
Schuld (26)
coltivazione biologica, da ~
aus biologischem Anbau (7)
colto
gebildet (15)
come mai?
warum nur? (2)
come
wie, als (1)
cominciare
anfangen (9)
comodo
bequem (17)
compagnia, in ~
in Begleitung (24)
compiere gli anni
Geburtstag haben (9)
compilare
ausfüllen (Formular) (22)
compito
Aufgabe (4)
compleanno
Geburtstag (10)
completamente
völlig (6)

complicazione (f)
Komplikation (11)
complimento
Kompliment (3)
comprare
kaufen (7)
comunicare
mitteilen (17)
comunque sia
wie dem auch sei (3)
comunque
trotzdem, jedenfalls (17)
concentrarsi
sich konzentrieren (6)
concludere
abschließen, zu Ende bringen (24)
concorrente (m+f)
Konkurrent/in (12)
conferenza
Konferenz (3)
confronti, nei ~ di qc.
jemandem gegenüber (20)
coniglio
Kaninchen (23)
conoscere
kennen (lernen) (2)
consigliare
raten; empfehlen (7)
contento
zufrieden (3)
continuare
fortfahren, weitermachen (11)
contorno
Beilage (23)
contraddizione (f)
Widerspruch (7)
convinto
überzeugt (28)
coprirsi
sich (warm) anziehen (21)
corno, un ~!
von wegen! (16)
corretto
korrekt (1)
corridoio
Flur (5)
cosa
was (1); **di che ~?** worüber?, wovon? (4)
coscienza, sporca ~
schlechtes Gewissen (24)
così
so (2)
costare
kosten (22)
crederci
an etwas glauben (13)
credere
glauben (11)
crescere
wachsen (17)
criticare
meckern, kritisieren (3)
cucina
Küche (4)
cucinare
kochen (1)
cui, in
an dem (2)
cuoca
Köchin (4)
cuoco
Koch (13)
curriculum (m)
Lebenslauf (2)

d'accordo
einverstanden (4)
da ... a
von ... bis (15)
da
seit (2); aus (3), bei
danno
man zeigt, man gibt (Kino, Theater) (28)
dare
geben (9)
dare ai nervi
auf die Nerven gehen (12)
dare del dottore
mit dem Doktortitel ansprechen (11)
dare del Lei
siezen (11)
dare del tu
duzen (11)
darsi delle arie
sich aufspielen (17)
davanti (a)
vor (14)
davvero
tatsächlich, wirklich (8)
debole
schwach (27)

decidere
entscheiden (13)
decisione (f)
Entscheidung (16)
deficiente (m+f)
Blödmann; bescheuert (3)
dente (m)
Zahn (5)
denti, lavarsi i ~
sich die Zähne putzen (5)
dentro
drin (21)
desiderare
wünschen (29)
destra, a~
rechts, nach rechts
determinato
bestimmt (7)
detestare
verabscheuen (29)
dettagliatamente
detailliert, genau (25)
dettaglio
Detail (4)
detto
gesagt (3)
diario
Tagebuch (3)
difficile
schwierig (25)
difficoltà
Schwierigkeit (6)
digerire (isc)
vertragen, verdauen (25)
digestione
Verdauung (5)
dimenticare
vergessen (6)
dire
sagen (1); **che vuol ~ ?**
was soll das heißen? (6)
diritto
geradeaus (25)
discutere
diskutieren (1)
disegno
Design (8), Bild (30)
dispiacere
Leid tun (6); etwas ausmachen (25)
disposizione (f)
Verfügung; **mettere a ~**
zur ~ stellen (15)
distanziato
distanziert (9)
disturbare
stören (8)
divano
Sofa (26)
diventare
werden (9)
diverso
verschieden (6)
divertirsi
sich amüsieren (11)
divieto di sosta (m)
Halteverbot (28)
divorare
verschlingen (12)
divorziare
sich scheiden lassen (17)
documento
Ausweispapier (22)
dogmatico
dogmatisch (7)
dolce
sanft (20); Nachtisch, Süßspeise (25)
domanda
Frage (3)
domandarsi
sich fragen (15)
domani
morgen (1)
donna
Frau (13)
dopo
danach, später (10)
dopodomani
übermorgen (22)
dormire
schlafen (8)
dort(hin) (21)
dovere (m)
müssen (1); Pflicht (11)
dubbio
Zweifel (20)
due ...
ein paar ... (7)
duomo
Dom (21)

e

und (1)
ecco
da, hier (1)
ed
und (1)
emozionato
aufgeregt (2)

emozione (f)
Aufregung, Gefühl (11)
ennesima, l'~
die x-te (30)
entrarci
damit zu tun haben (13)
entrare
hereinkommen (21)
entro
in; binnen (27)
entusiasmare
begeistern (28)
entusiasmo
Begeisterung (3)
eredità
Erbe (18)
esagerare
übertreiben (2)
esattamente
genau (12)
esempio, per ~
zum Beispiel (9)
esperienza
Erfahrung (4)
essere
sein (1)
estate, d'~
im Sommer (21)
età
Alter (12)
Eurostar (m)
Hochgeschwindigkeitszug
ex ragazzo
Exfreund (2)

fa
vor (8)
faccenda
Sache, Angelegenheit (15)
facile
leicht, einfach (6)
fame (f)
Hunger (11)
famoso
berühmt (2)
fantastico
phantastisch (16)
fare
machen (1)
far sapere
wissen lassen (17)
far vedere
zeigen (4)
farcela
es schaffen, es können (28)
farcito
gefüllt (8)
fare storie ~
„Theater" machen (4)
fare colazione
frühstücken (8)
fare da solo
alleine zurechtkommen (3)
fare due chiacchiere
ein bisschen plaudern (10)
fare finta di
so tun als ob (19)
fare in tempo
es rechtzeitig schaffen (6)
fare l'indiano
sich dumm stellen (12)
fare la corte a qc.
jemandem den Hof machen (9)
fare la spesa
einkaufen (7)
fare la valigia
Koffer packen (30)
fare le ore piccole
es spät werden lassen (19)
fare pace
sich vertragen (6)
fare piacere
freuen (13)
fare shopping
shoppen gehen (19)
fare un prelievo
Geld ziehen (27)
fare una proposta
einen Vorschlag machen (10)
farla breve
es kurz machen (20)
farmacia
Apotheke (26)
farsi vivo
sich melden (9)
fascino
Faszination (17)
fatto
Tatsache (9)
favore (m)
Gefallen (16)
felice
glücklich (8)
fermarsi
bleiben (21)

fermata
Haltestelle (6)
festeggiare
feiern (15)
fiaba
Märchen (13)
fidanzato
fester Freund, Verlobter (25)
fidarsi di
sich verlassen auf (29)
fiera
Messe (Ausstellung) (15)
figlia
Tochter (2)
figuri, si ~!
ich bitte Sie! (10)
finalmente
endlich (1)
fine (f)
Schluss, Ende (13)
fine settimana (m)
Wochenende (9)
finire (isc)
fertig sein (10)
finita, è ~
es ist aus (Beziehung) (24)
fino a
bis (6)
finora
bis jetzt (16), (20)
fisso
fest (10)
flauto dolce
Blockflöte (29)
foglio
Zettel (4)
fondo, in ~
im Grunde (7)
fondo, là in ~
dort hinten (24)
formale
förmlich (1)
forno
Ofen (7)
forno, al ~
im Ofen gemacht; überbacken (23)
forse
vielleicht (1)
fortuna, per ~
zum Glück (30)
fortunato, essere ~
Glück haben (10)
forza, per ~
gezwungenermaßen (1)
foto (f)
Foto (3)
fra
in (zeitlich) (30)
frattempo, nel ~
inzwischen (9)
freddo
kalt (5)
frutta
Obst (7)
fumare
rauchen (23)
funzionare
funktionieren (27)
fuori
außerhalb; draußen (7)
futuro
zukünftig (3)
gamba, in ~
fit (10)
gamberetto
Krabbe (8)
garage (m)
Garage (4)
gelosia
Eifersucht (12)
geloso
eifersüchtig (9)
generi alimentari (m, Pl.)
Lebensmittel (29)
genitori (m, Pl.)
Eltern (30)
gente (f)
Leute (9)
gentile
sehr geehrte/r (in der Anrede) (1); nett (9)
gentilmente
freundlicherweise (2)
Germania
Deutschland (5)
già
schon (7)
giornale (m)
Zeitung
giornataccia
schrecklicher Tag, Pechtag (6)
giorno
Tag (1)
giovane
jung (1)
giovincello
junger Mann (10)

giro, andare in ~
herumgehen (10)
giro, in ~
unterwegs (24)
giurare
schwören (24)
giusto
richtig (3)
goccia
Tropfen (26)
gonna a pieghe
Faltenrock (14)
gradevole
angenehm (22)
grado, essere in ~ di
in der Lage sein zu (27)
grande
groß (3)
grazie
danke (2)
guadagnare
verdienen (22)
guancia
Wange (15)
guanto
Handschuh (29)
guarda un po'!
sieh mal einer an! (27)
guardare
schauen (7)
guasto (al motore)
(Motor-)Schaden (6)
guida turistica
Reiseführer (24)
guidare
(Auto) fahren (4)
gusto
Geschmack (8)

ieri
gestern (4)
immaginarsi
sich vorstellen (26)
imparare
lernen (4)
impazientemente
ungeduldig (1)
impazzire (isc)
verrückt werden (13)
impegno
Beschäftigung, Job (15)
importante
wichtig (3)
importanza
Bedeutung, Wichtigkeit (7)
importare
wichtig sein (2)
impossibile
unmöglich (14)
impressione (f)
Eindruck (3)
improvviso, all'~
plötzlich (15)
incantesimo
Verzauberung, Zauber (18)
incontrarsi
sich treffen (2)
incredibile
unglaublich (17)
indeciso
unentschlossen (15)
indiano
indisch (28)
indicare
zeigen (21)

indipendente
unabhängig (16)
ingrassato
dicker geworden, zugenommen (14)
iniziare
anfangen (6)
innamorarsi
sich verlieben (16)
insalata mista
gemischter Salat (23)
inserzione (f)
Zeitungsanzeige (1)
insieme
zusammen (3)
insomma
na ja (12)
insopportabile
unerträglich (12)
intanto
derweil (5), (15)
intendersi
sich auskennen; sich verstehen auf (2)
interessare
interessieren (11)
invece
hingegen (4)
interessare a
sich interessieren für (12)
interesse (m)
Interesse
intrecciare
anknüpfen (24)
invece
hingegen (6)
inverno
Winter (29)

invitato
einladen (9)
invito
Einladung (9)
jeans (m, Pl.)
Jeans (15)

lana
Wolle (29)
lasciare
lassen (9)
lasciar perdere
sein lassen, aufgeben (12)
lasciar stare
(gut) sein lassen
lasciare in pace
in Ruhe lassen (28)
lato, da un ~
einerseits (7); **dall'altro ~**
andererseits (7)
latte (m)
Milch (5)
lavorare
arbeiten (1)
lavoro
Arbeit (1)
leggere
lesen (1)
lettera
Brief (1)
letteratura
Literatur (2)
letto, a ~
ins Bett (4); im Bett
libero
frei (14)
libro
Buch (29)
limite, al ~
höchstens (26)
linea
(Telefon-)Verbindung (22)
lista della spesa
Einkaufsliste (7)
litigare
streiten (6)
litro
Liter (7)
lo
es (1)
locale (m)
Lokal (19)
lontano (da)
entfernt (von) (13)
lume di candela (m)
Kerzenlicht (26); **a ~**
bei Kerzenlicht (26)
lungo, a ~
lange (9)
luogo
Ort (24)
lusso
Luxus (22)

ma
aber (2)
macché
ach was (12)
macchina
Auto (3)
maglietta
T-Shirt (15)
mai
nie(mals) (3)
mal di pancia (m)
Bauchweh (25)
mal di testa (m)
Kopfweh (25)
malato
krank (17)
mamma mia!
meine Güte! (8)
mancare
fehlen (4)
mandare
schicken (15)
mandarino
Mandarine (7)
mangiare
essen (4)
mano (f)
Hand (20)
marito
Ehemann (2)
marmellata
Marmelade (29)
martedì (m)
Dienstag
matrimonio
Ehe (30)
mattina
Morgen, Vormittag (27)
matto
verrückt (12)
medico
Arzt (3)
meglio
besser (9); **~ di niente**
besser als nichts (18)

meno
weniger (6)
merenda
Pausenbrot, Imbiss (5)
mese (m)
Monat (30)
messo
gesetzt (1); gestellt (3)
metropolitana
U-Bahn (21)
metterci (tempo)
Zeit brauchen für (27)
mettere giù
(Hörer) auflegen (14)
mettersi d'accordo
sich absprechen (17)
mettersi qc.
sich etwas anziehen (13)
mezz'ora
halbe Stunde (18)
mezzanotte (f)
Mitternacht (15)
mezzi pubblici (m, Pl.)
öffentliche Verkehrsmittel (21)
mezzo
halb (7)
mica
wohl (Redeeinschub) (14)
micidiale
wahnsinnig, irre (21)
migliorare
besser werden (18)
milanese
Mailänder/in, mailändisch (29)
minima idea
geringste Ahnung (29)
minischermo
Minibildschirm (18)
misura
(Kleider-)Größe (14)
mittente (m + f)
Absender (1)
modo, ad ogni ~
jedenfalls (10); **avere ~ di** Gelegenheit haben (9); **in ~** auf ... Weise (4)
modulo
Formular (22)
moglie (f)
Ehefrau (1)
molto
viel, sehr (3)
momento
Moment (1); **in un primo~** zunächst, zuerst (15)
momentaneamente
im Augenblick, momentan (27)
mondo
Welt (13)
mostra
Ausstellung (19)
motivo
Grund, Motiv (11)
motore (m)
Motor (6)
mozzafiato
atemberaubend (20)
muovere
bewegen (2)
museo
Museum (19)
nascere
entstehen, geboren werden (12)
naso
Nase (17)
Natale (m)
Weihnachten (28)
nato
geboren (2)
ne
davon, darüber (27)
negozio
Geschäft (7)
nemmeno
nicht einmal (2)
nero
schwarz (14)
nessuno
niemand (14)
neve (f)
Schnee (21)
niente
nichts (5); ~ **male** nicht übel (27); **per ~** überhaupt nicht (5)
no
nein (1)
noioso
langweilig (13)
noleggiare
ausleihen (18)
nome (m)
Name (1)
non c'è male
nicht schlecht (2)
non è che ...
es ist ja nicht so, dass ... (22)

non
nicht, kein (1)
nonna
Oma (13)
nonni (m, Pl.)
Großeltern (4)
norma
Vorschrift, Norm (22)
notare
bemerken, feststellen (9)
notizia
Nachricht, Neuigkeit (15)
numero, sbagliare ~
sich verwählen (1)
nuovo
neu (3)

o

oder (2)
obbligatorio
obligatorisch (28)
occhio
Auge (12)
occorrere
dienen; gebraucht werden (7)
occuparsi di
sich beschäftigen mit (1)
oddio
O Gott (6)
odiare
hassen (17)
officina
(Auto-)Werkstatt (3)
offrire
anbieten (3)
oggi
heute (3)
olio d'oliva
Olivenöl (29)
oltre
außer, darüber hinaus (21)
onore (m)
Ehre (23)
ora
jetzt (10), Stunde (15); **a quest'~** zu dieser Zeit (5); **non vedere l' ~ di** es kaum erwarten können, sich freuen auf (2)
orario
Fahrplan (28)
ordinare
bestellen (23)
ore, che ~ sono?
wie spät ist es ? (6)
orecchino
Ohrring (30)
organizzare
organisieren (9)
ormai
inzwischen, mittlerweile (11)
ospedale (m)
Krankenhaus (26)
ospite (m)
Gast (10)
oste (m)
Wirt (21)
ottimo
ausgezeichnet (13)
Ottocento
neunzehntes Jahrhundert (1)

pacchetto
Päckchen (7)
padrona
Chefin (3)
pagare
bezahlen (4)
pagina
Seite (Buch; Zeitung) (27)
paio, un ~ di
ein Paar ... (29)
palco
Theaterloge (24)
palestra
Turnhalle (13)
pallido
blass (25)
pancetta
Bauchspeck (7)
panettone (m)
Panettone (ital. Weihnachtshefekuchen) (30)
panino
Brötchen (5)
pantaloni (m, Pl.)
Hosen (14)
pappardelle (f, Pl.)
breite Bandnudeln (15)
parcheggiare
parken (28)
parere
scheinen (12)
parlare
sprechen (2)
parola
Wort (12)
parte (f)
Teil (11)

particolare
besonders (16)
partire
losfahren, abreisen, wegfahren (6)
passare
verbringen (15); **~ a** übergehen zu (11)
passeggiata
Spaziergang (20)
passi, a due ~ (da qui)
zwei Schritte (von hier entfernt) (6)
passione (f)
Leidenschaft (3)
pasta
Nudeln (4)
pastiglia
Tablette (26)
patata
Kartoffel (23)
patatine (f, Pl.)
Pommes frites; Chips (7)
paura
Angst (4)
paziente (m+f)
Patient/in (26)
pazienza!
immer mit der Ruhe! (4); Geduld (5)
pazzo
verrückt (5)
peccato, che ~!
wie schade! (14)
pensarci
sich kümmern um (27)
pensare
denken (7)
peperone (m)
Paprika (25)
per questo
deshalb (2)
perché
warum, weil (1)
perdere
verlieren (5); verpassen (18)
personalmente
persönlich (29)
pesci, non sapere che ~ pigliare
nicht wissen, was man tun soll (20)
pessimo
ganz schlecht, miserabel (14)
piacere
gefallen (7); schmecken (8); **con ~** gern, mit Vergnügen (9)
piacevole
angenehm (11)
piangere
weinen (24)
piano
leise (8), Stockwerk (22)
piatto
Teller (18)
piazzetta
kleiner Platz (25)
piccolo
klein (2)
piedi, a ~
zu Fuß (4); **stare in ~** stehen (10)
pinacoteca
Gemäldegalerie (24)
piovere
regnen (21)
pirosi (f)
Sodbrennen (26)
più
mehr (1)
piuttosto
eher, vielmehr (9)
po'
bisschen (1)
poi
dann (2)
pollo arrosto
gebratenes Hähnchen (7)
pomeriggio, nel ~
am Nachmittag (1)
porca miseria!
verdammter Mist (27)
porco
Schwein (Mensch) (24)
porta
Tür (25)
portare
bringen (3)
portatile (m)
Laptop (22)
portiere (m)
Portier (22)
portone (m)
Haustor, Eingang (20)
possibile
möglich (22)

posto
Stelle (1); statt; **al ~ di** an Stelle von (7)
potere
können (1)
poterne, non ~ più (29)
nicht mehr können; es nicht mehr aushalten
poveretta
die Arme! (24)
povero
arm (24)
praticare
praktizieren (23)
pratico
praktisch (3); **essere ~** sich auskennen (21)
preferire (isc)
lieber haben (2)
preferito
Lieblings ... (30)
pregare
bitten (7)
prego
bitte (2)
prendere
nehmen (2)
prendere sul serio
ernst nehmen (20)
prendere una cotta per qc.
sich in jemanden verknallen (20)
prenotazione (f)
Reservierung, Vorbestellung (28)

preoccuparsi
sich Sorgen machen (10)
preoccupato
besorgt (21)
preparare
vor-/zubereiten (2)
presentare
vorstellen (11)
presso
bei (1)
prestissimo
sehr früh (8)
presto
früh (28); **a ~** bis bald
previsioni (f, Pl.) del tempo
Wettervorhersage (21)
prezioso
kostbar (12)
prima di tutto
vor allem (9)
prima di
vor (zeitlich) (8)
prima
zuerst (18)
primario
Chefarzt (8)
principe (m)
Prinz (13)
principessa
Prinzessin (13)
probabilmente
wahrscheinlich (7)
problema (m)
Problem (4)
profumo
Parfum (29)

progetto
Plan (13)
pronto
hallo (am Telefon) (1)
proporre
vorschlagen (19)
proposito, a ~
apropos; übrigens (1)
proprietario
Besitzer (13)
proprio
wirklich (2)
prosciutto
Schinken (5)
prossimo
nächste/r/s (9)
provare
probieren (1); anprobieren (14)
provocare
hervorrufen (26)
pubblicità
Werbung (1)
puntata
Folge (18)
può darsi
kann sein (12)
pure
nur (22)
purtroppo
leider (1)

quaglia
Wachtel (8)
qualche (+ Sg.)
einige (23)

qualcos'altro
etwas anderes (1)
qualcuno
jemand (16)
quale?
welche/r/s (7)
quando
wann (1); als (13)
quanto
wie viel?; **in ~ a** was ... betrifft (29)
quartiere (m)
Viertel (21)
quarto
Viertel (6)
quasi
fast (9)
quello lì
der da (24)
questo
diese/r/s (1)
questo, per ~
deshalb (9)
qui
hier (2)
quinto
fünfte/r/s (25)
quiz (m)
Quiz (18)

raccomando, mi ~!
aufgepasst; wenn ich bitten darf (27)
raccontare
erzählen (15)
ragazza alla pari
Aupairmädchen (1)
ragazza
Mädchen (1)
ragazzo
Junge (11)
ragione, avere ~
Recht haben (6)
ragù, al ~
mit Hackfleischsauce (23)
reception (f)
Rezeption (22)
recita di Natale (f)
Krippenspiel (29)
regalare
schenken (29)
regalo
Geschenk (9)
regola
Regel (1)
residenza
Wohnort (22)
restare
bleiben (17)
retribuzione (f)
Vergütung (2)
ricetta
Kochrezept (4); Rezept (27)
richiamare
wieder anrufen (16); zurückrufen
ricominciare
wieder anfangen (4)
ricordare
erinnern (2)
ricordarsi di
sich erinnern an (9)
ridare
zurückgeben (27)
ridicolo
lächerlich (12)
riguardare
betreffen (17)
rimanere
bleiben (14); stehen bleiben (im Gespräche) (24)
Rinascente
bekannte Kaufhauskette (17)
ringraziare
sich bedanken (13)
ripartire
abreisen, wegfahren (19)
ripetere
wiederholen (2)
riportare
zurückbringen (18)
riposarsi
sich ausruhen (26)
riprendersi
sich erholen (27)
rispettare
respektieren; einhalten (1)
rispondere
antworten (1)
risposta
Antwort (1)
ristorantino
kleines Restaurant (21)
ritardo, in ~
zu spät (5)
ritirare
zurückziehen (27)

ritirarsi
sich zurückziehen (15)
riuscito
gelungen (13)
rivedere
wiedersehen (15)
roba bio (f)
Biozeug (7)
robot (m)
Roboter (23)
romantico
romantisch (26)
rotto
kaputt (27)
rovinare
ruinieren (5)

sacco, un ~ di
eine Menge ... (30)
salame (m)
Salami (5)
salato
salzig, gesalzen (5)
salire
einsteigen (28)
salotto
Wohnzimmer (2)
salutare
grüßen, verabschieden (15)
salutarsi
sich begrüßen; sich verabschieden (15)
salute (f)
Gesundheit (11)
salvare
retten (30)
sapere
wissen (1); können (4)
sbrigarsi
sich beeilen (5)
scala
Treppe (25)
scaldare
wärmen (5)
scarpa
Schuh (5)
scarpe, mettersi le ~
sich die Schuhe anziehen (5)
scatola
Schachtel (7)
scegliere
(aus)wählen (23)
scelta
(Aus-)Wahl (12)
scendere
aussteigen (25)
schifo, che ~!
wie eklig! (5)
sciarpa
Schal (29)
sconosciuto
unbekannt (20)
scoprire
entdecken (20)
scotto
verkocht (4)
scritto
geschrieben (4)
scrivere
schreiben (1)
scuola
Schule (4)
scuro
dunkel (12)
scusarsi
sich entschuldigen (10)
scusi
entschuldigen Sie (1)
se no
sonst (5)
se
wenn, falls, ob (2)
secondo
Sekunde (27)
secondo me
meiner Meinung nach (1)
sedersi
sich setzen (10)
sedia
Stuhl (10)
segretaria
Sekretärin (8)
seguire
folgen (25)
sembrare
scheinen (4)
semplice
einfach (15)
semplicemente
einfach (1)
sempre
immer (1)
senso, in che ~?
wie meinst du das? (10)
sensualità
Sinnlichkeit (29)
sentimento
Gefühl (30)
sentire
probieren, kosten (8)

sentirsela (di)
zumute sein nach (28)
sentirsi
sich fühlen (8)
senz'altro
selbstverständlich (11)
senza
ohne (3)
sera
Abend (1)
serata
Abend (12)
serio
ernst(-haft) (12)
servire
dienen; gebraucht werden (7); bedienen (10)
settimana
Woche (9)
sgridare
ausschimpfen (5)
sì
ja (1)
si
man (4)
sicuramente
sicherlich (10)
silenzioso
schweigsam (4)
simpatico
sympathisch (3)
sinceramente
ehrlich gesagt (25)
sintomo
Symptom (26)
sirenetta
Meerjungfrau (18)
smettere di
aufhören mit/zu (12)
sms (m)
SMS (15)
soccorso, pronto ~
erste Hilfe (27)
soggiorno
Aufenthalt (29)
soldi (m, Pl.)
Geld (12)
sole (m)
Sonne (21)
solito
üblich (1)
sollevato
erleichtert (12)
solo
nur (3)
solo
erst (4); **da** ~ allein (1)
soluzione (f)
Lösung (24)
soprammobile (m)
Nippes (29)
soprattutto
vor allem (3)
sorpresa
Überraschung (14)
spaccone (m)
Angeber (12)
specchio
Spiegel (14)
specialità
Spezialität (9)
spendere
ausgeben (21)
speranza
Hoffnung (12)
sperare
hoffen (8)
spesso
oft (10)
spettegolare
klatschen, tratschen (19)
spiegare
erklären (4)
spiritoso
geistreich (6)
sposare
heiraten (8)
sposato
verheiratet (20)
spugna
Schwamm (10)
squisito
ausgezeichnet (15)
stamattina
heute Morgen (28)
stampatello, a ~
in Druckschrift (21)
stanco morto
todmüde (8)
stand (m)
Stand (19)
stanotte
heute Nacht (27)
stare
sich befinden (5); stehen (Kleider) (14)
stato
gewesen (4)
stazione centrale (f)
Hauptbahnhof (19)
stella
Stern (2)

stendersi
sich hinlegen; sich ausstrecken (26)
stola di seta
Seidenstola (14)
stomaco, stare sullo ~
auf dem Magen liegen (20)
storia
Geschichte (15)
strada facendo
unterwegs (27)
strada
Weg, Straße (5); **sbagliare ~** sich verlaufen (25)
strano
seltsam (7)
stress (m)
Stress
su
los!, auf! (5); hoch (25)
subito
sofort (3)
succedere
geschehen (20)
successo
Erfolg (30)
suggerimento
Anregung (29)
sugo
Soße (7)
suonare
klingen (13), (16); spielen (Instrument) (29)
supplemento
Aufpreis (22)
surgelato
tiefgekühlt (7)
suscitare
hervorrufen (3)
svegliare
wecken (13)
svilupparsi
sich entwickeln (15)

tanto
viel, sehr viel (3)
tanto meglio!
umso besser! (8)
tavola, a ~
zu Tisch (11)
tavolino
Tischchen (21)
tecnico
Techniker (22)
tedesco
deutsch (1)
telefonare a
anrufen bei (1)
telefonata
Telefonat (17)
telegiornale (m)
Tagesschau (18)
temere
(be-)fürchten (9)
tempo
Zeit (2), Wetter (21)
tempo, fare in ~ es rechtzeitig schaffen (6); **nello stesso ~** gleichzeitig (12); **per quanto ~** wie lange (21)
tempo libero
Freizeit (3)
tenere
halten (27)
tenere al corrente
auf dem Laufenden halten (17)
tensione (f)
Spannung (20)
tesoro
Schatz (4)
testa, per la ~
im Kopf (6)
timido
schüchtern (9)
tipo
Typ, Art (4)
tira vento
es geht Wind (21)
tirare fuori
herausziehen (1)
tirocinante (m + f)
Praktikant/in (10)
tirocinio
Praktikum (10)
titolo
Titel (19)
tivù, tv (f)
Fernsehen (18)
toccare a qc.
dran sein (14); angehen, betreffen (29)
Topolino
Micky Maus (8)
tormentare
quälen (20)
tornare
zurückkehren (4)

tornare normale
wieder normal werden (30)
toscano
toskanisch (13)
totalmente
völlig (4)
tra
in (zeitlich) (10); zwischen (24)
traffico
Verkehr (4)
tram (m)
Straßenbahn (6)
tranne
außer (29)
tranquillo
ruhig (30)
trasmissione (f)
Sendung (18)
trattarsi di
sich handeln um (2)
treno
Zug (21)
triste
traurig (24)
troppo
zu (viel, sehr) (1)
troppo
zu .../zu viel (2)
trovare
finden (1)
trovarsi
sich befinden (13)
turno di notte (m)
Nachtdienst (17)
turno, essere di ~
Dienst haben (27)
tutt'altra cosa
etwas völlig anderes (21)
tutti quanti
alle miteinander (15)
tutto
alles, ganz (1)

ufficiale
offiziell (11)
ufficio postale
Postamt (30)
ultimo dell'anno
Silvester (30)
ultimo
letzte/r/s; neueste/r/s (15)
umore (m)
Laune (14)
uomo, uomini (Pl.)
Mann, Männer (11)
uovo (Pl. uova)
Ei (Eier) (7)
uscire
ausgehen (16)
utile
nützlich (27)

vacanza
Ferien (4)
valigia
Koffer (30)
vecchio
alt (10)
vedersi
sich sehen (14)
vendere
verkaufen (7)
venire
kommen (1); ~ **a prendere** abholen (kommen) (13)
vento
Wind (21)
veramente
wirklich (10)
verdura
Gemüse (7)
vergognarsi
sich schämen (26)
vero
nicht wahr? (2)
verso
gegen (13)
vertigini (f, Pl.)
Schwindel(anfälle) (29)
vestito
Kleid, Kleidungsstück (8)
viaggio
Reise (29)
vicino a
in der Nähe von (21)
vicolo
Gasse, Gässchen (20)
videogioco
Videospiel (30)
vigile (m)
Verkehrspolizist (28)
viglili del fuoco (m, Pl.)
Feuerwehr(leute) (27)
vin santo (m)
tosk. Dessertwein (15)
visita
Besuch (19); Besichtigung (25)

visitare
besichtigen (19)
visto
gesehen (1)
vita
Leben (7)
vivace
lebhaft (4)
viziare
verwöhnen (5)
voglia, avere ~ di
Lust haben auf/zu (6)
volare
(ver)fliegen (15)
volentieri
gern (1)
voler bene a qc.
jemanden lieb/gern haben (26)
volere
wollen (1)
volo, capirsi al ~
sich im Nu verstehen (15)
volta, una ~
früher (23)
volte, a ~
manchmal (15)
vomitare
sich übergeben (26)
vuol dire
soll heißen (17)
vuoto
leer (10)

zainetto
kleiner Rucksack, Ranzen (5)
zucchero
Zucker (5)

Illustration: Gerd Huss

Italienisch und Spanisch: alltagsnah und von Anfang an. Für das Lernen allein oder in der Gruppe

Frida Bordon/Giuseppe Siciliano
Italienisch in letzter Minute
Sprachkurs für Überflieger
3-499-60914-2
Buch mit Audio-CD. 3-499-60915-0

Jutta J. Eckes/Franco Bregiorno
Italienisch von Anfang an
3-499-60479-5

Jutta J. Eckes/Lisa Pirazzi
Flüssiges Italienisch
Mit Redensarten zu mehr Eloquenz
3-499-61185-6

Christof Kehr/Ana Rodriguez-Lebrón
Flüssiges Spanisch
Mit Redensarten zu mehr Eloquenz
3-499-61186-4

Christof Kehr/Ana Rodriguez-Lebrón
Spanisch von Anfang an
3-499-60475-2

Christof Kehr
Spanisch in letzter Minute
Sprachkurs für Überflieger
Buch mit Audio-CD. 3-499-60918-5
«Spanisch in letzter Minute» bietet den Einstieg für alle, denen ein ganzes Lehrbuch zu langwierig und ein herkömmlicher Sprachführer zu wenig didaktisch ist.

3-499-60917-7

Sprachen lernen.
Und vor allem: mit dem richtigen Kniff das Englisch verbessern

Robert Kleinschroth
Sprachen lernen
Der Schlüssel zur richtigen Technik
3-499-60842-1

Gunther Bischoff
Better Times
Ein leichtes Programm zum richtigen Gebrauch der englischen Zeiten
3-499-17987-3

Gunther Bischoff
Speak You English?
Programmierte Übung zum Verlernen typisch deutscher Englischfehler
3-499-16857-X

René Bosewitz/
Robert Kleinschroth
Joke Your Way Through English Grammar
Mit Pfiff und Witz zum sicheren Gebrauch
3-499-61408-1

René Bosewitz
Better Your English
Wie man typische deutsche Fehler verlernt. 3-499-60802-2

René Bosewitz
Perfect Your English
Wie man die typischsten Sprachfallen vermeidet

3-499-61147-3